많은 학부모들이 선택한
어휘력 향상의
길잡이

공습국어 초등어휘는 2008년 첫 선을 보인 이래로 많은 학부모와 학생들로부터 남다른 관심과 사랑을 받고 있습니다. 공습국어 초등어휘가 이렇게 짧은 시간 안에 초등 어휘력 학습을 대표하는 교재로서 자리를 잡을 수 있었던 것은 아이들이 부담 없이 재미있게 공부할 수 있도록 교재를 활용 중심으로 최적화하여 구성한 것과 교과서에 나오는 낱말을 다룸으로써 교과 학습과 자연스럽게 연계할 수 있도록 배려한 것이 아닐까 생각합니다.

그런데 단계별로 교재의 수가 적어 서너 달이 지나면 더 이상 단계에 맞는 어휘력 학습을 지속할 수 없는 문제가 있었습니다. 그렇다고 다음 단계로 넘어가는 것도 좀 애매해서 몇 달 동안 이어온 학습 흐름이 끊어질 수밖에 없었습니다.

이번에 추가로 어휘력 교재를 출간하게 된 것은 각 단계에 맞는 어휘력 학습을 적어도 1년 정도는 꾸준히 진행할 수 있게 하기 위해서입니다. 이렇게 함으로써 다음 단계를 학습할 때까지의 기간을 최소화하거나 바로 다음 단계로 넘어가더라도 큰 어려움 없이 적응할 수 있을 것입니다.

그리고 심화 교재는 기본 교재와는 다른 문제 유형으로 코너를 구성하였습니다 이는 같은 유형을 반복함으로써 오는 지루함을 없애고 문제 풀이 방법이 관성화되는 것을 막기 위해서입니다. 또한 이미 알고 있는 낱말이라고 하더라도 유형을 달리하여 풀어봄으로써 어휘를 좀 더 풍부하게 활용할 수 있도록 하기 위해서입니다.

주니어김영사는 교재에 대한 질책과 격려 모두를 소중히 받아 안을 것입니다. 항상 열린 자세로 최대한 교재를 화과적으로 이용할 수 있도록 도와드릴 것이며 아울러 더 좋은 교재로 다가가기 위해 노력하겠습니다.

감사합니다.

> 공습국어 초등어휘는 초등 교과서에
> 나오는 낱말을 중심으로 구성되어 있는
> 어휘력 프로그램으로,
> 단순히 낱말의 사전적 의미를 암기하는 것이 아닌
> 낱말과 낱말 사이의 관계와 낱말의 다양한 쓰임새를
> 여러 가지 문제 유형을 통해 학습합니다.

공습국어 초등어휘 학습 전략

기본과 심화의 연속된 어휘 학습 과정

공습국어 초등어휘는 전 과정이 학년에 따라 나누어져 있습니다. 크게 1·2학년, 3·4학년, 5·6학년 3개의 과정으로 이루어져 있습니다. 그리고 각 과정별로 기본 Ⅰ·Ⅱ·Ⅲ, 심화 Ⅰ·Ⅱ·Ⅲ 단계로 구성되어 있습니다.

과정	단계	
1 · 2학년	기본	Ⅰ, Ⅱ, Ⅲ 단계
	심화	Ⅰ, Ⅱ, Ⅲ 단계
3 · 4학년	기본	Ⅰ, Ⅱ, Ⅲ 단계
	심화	Ⅰ, Ⅱ, Ⅲ 단계
5 · 6학년	기본	Ⅰ, Ⅱ, Ⅲ 단계
	심화	Ⅰ, Ⅱ, Ⅲ 단계

기본 단계와 심화 단계는 서로 다른 구성과 학습 목표를 가지고 있습니다. 기본 단계는 낱말이 가지고 있는 기본적인 의미와 다른 낱말과 관계를 파악하는 단계입니다. 심화 단계는 유추와 연상 활동을 통해 낱말이 가지는 다양한 의미를 알고 정확하게 낱말을 읽고 쓰는 단계입니다.

기본 단계와 심화 단계는 서로 동떨어져 있는 것이 아니라 연속된 훈련 단계입니다. 따라서 공습국어 초등어휘를 처음 시작하는 경우는 기본 단계부터 순서대로 학습하는 것이 학습 효과를 극대화할 수 있습니다.

물론 공습국어 초등어휘 기본 단계로 학습한 경험이 있다면 각 과정의 심화 단계를 공부해도 괜찮습니다. 하지만 1·2학년 과정에서 기본 단계를 학습하고 현재 3학년이나 4학년이 되었다면 3·4학년 과정의 심화 단계보다는 3·4학년 과정의 기본 단계부터 시작하거나, 1·2학년 과정의 심화 단계를 한 다음 3·4학년 과정의 기본 단계로 넘어가는 것이 좋습니다.

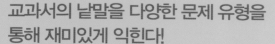

교과서의 낱말을 다양한 문제 유형을
통해 재미있게 익힌다!

공습국어 초등어휘의 특징

하나 ▸ 초등 교과서에 나오는 낱말로 문제 구성

공습국어 초등어휘는 국어, 수학, 사회, 과학 등 초등 전 교과에서 낱말을 발췌하여 문제를 구성하였습니다. 각 회별로 8~10개의 낱말이 교과 영역에 따라 들어 있으며 권당 250~300개 정도의 낱말을 익힐 수 있습니다. 따라서 교재에서 다루고 있는 낱말을 익히다 보면 해당 교과의 내용을 이해하는데 많은 도움이 될 것입니다.

둘 ▸ 상황에 따라 낱말이 가지는 복합적 의미 이해

사전에 명시된 낱말의 기본적인 의미뿐만 아니라 상황을 유추하여 적절한 낱말을 찾는 활동, 같은 글자이지만 상황에 따라 전혀 다른 의미를 갖는 낱말을 고르는 활동, 여러 낱말을 보고 공통으로 연상되는 낱말을 찾는 활동을 통해 낱말이 가지는 복합적 의미를 파악하는 데 중점을 두고 학습할 수 있도록 했습니다.

셋 ▸ 바른 글쓰기를 위한 맞춤법 훈련

성인들도 글을 쓸 때 잘못된 낱말을 사용하거나 띄어쓰기가 틀리는 경우가 많이 있습니다. 이것은 한글 맞춤법에서 규정하고 있는 몇 가지 원칙만 제대로 이해한다면 충분히 개선할 수 있습니다. 특히 초등 단계에서부터 한글 맞춤법에 대해 의식적으로 알아보고 관련 문제들을 자주 접해 본다면 바르게 글을 쓰는데 큰 자신감을 갖게 될 것입니다. 공습국어 초등어휘에서는 '낱말 쌈 싸먹기' 꼭지를 통해 매회 한글 맞춤법 연습을 할 수 있으며 이러한 맞춤법 연습을 원활하게 할 수 있도록 하기 위해 135쪽에 '한글 맞춤법 알기'를 별도로 마련했습니다.

넷 ▸ 재미있고 다양한 문제 유형으로 구성된 학습 과정

공습국어 초등어휘는 여러 가지 문제 유형을 통해 다양하게 낱말을 습득하고 활용할 수 있도록 구성하고 있습니다. 특히 본격적인 문제 풀이에 들어가기 전 낱말 퍼즐 형식의 '가로·세로 낱말 만들기'로 두뇌 워밍업을 할 수 있도록 했으며, 아울러 앞선 회의 낱말도 복습할 수 있도록 했습니다. 또한 '낱말은 쏙쏙! 생각은 쑥쑥!' 꼭지의 문제들은 그림이나 퀴즈 형식을 이용하여 지루하지 않게 공부할 수 있습니다.

교재 구성 한눈에 보기

가로·세로 낱말 만들기

'가로·세로 낱말 만들기'는 본격적인 문제 풀이를 하기 전 가볍게 머리를 풀어보는 준비 단계의 의미와 앞선 회에서 공부한 낱말을 찾아서 만들어 봄으로써 한 번 더 낱말을 익힌다는 복습의 의미를 함께 갖고 있습니다. 적게는 3개 많게는 5개 정도 앞선 회에서 배운 낱말을 주어진 글자와 연결 낱말을 이용해 찾아야 합니다. 낱말 만드는 자세한 방법은 7쪽을 참고해 주세요.

주어진 연결 낱말을 이용하여 낱말을 만들어보세요. 단 색이 칠해진 칸에는 낱말을 쓸 수 없습니다.

만들어야 할 낱말의 개수와 도전 시간이 표시되어 있고, 만든 낱말의 개수와 걸린 시간을 적습니다.

글자를 조합하여 앞선 회에 배운 낱말이 있는지 찾아봅니다.

낱말은 쏙쏙! 생각은 쑥쑥!

어휘력 학습을 본격적으로 시작하는 꼭지입니다. '그림으로 낱말 찾기', '낱말 뜻 알기', '낱말 친구 사총사', '연상되는 낱말 찾기', '짧은 글짓기'의 5개 코너로 구성되어 있습니다.

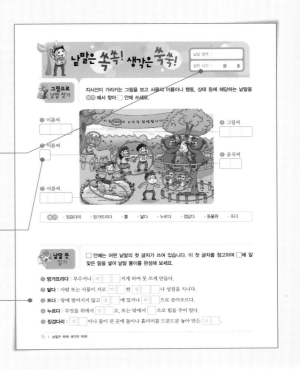

걸린 시간 해당 단원을 푸는 데 걸린 시간을 적습니다.

그림으로 낱말 찾기 원으로 표시된 그림 부분을 보고 유추할 수 있는 낱말을 보기에서 고릅니다.

낱말 뜻 알기 낱말의 기본 의미를 알아보는 코너로 □ 안의 첫 글자를 보고 알맞은 낱말을 적습니다.

공습국어 초등어휘는 모두 30회 과정이며 각 회별로 '가로·세로 낱말 만들기', '낱말은 쏙쏙! 생각은 쑥쑥!', '낱말 쌈 싸 먹기'의 3가지 꼭지가 있습니다.

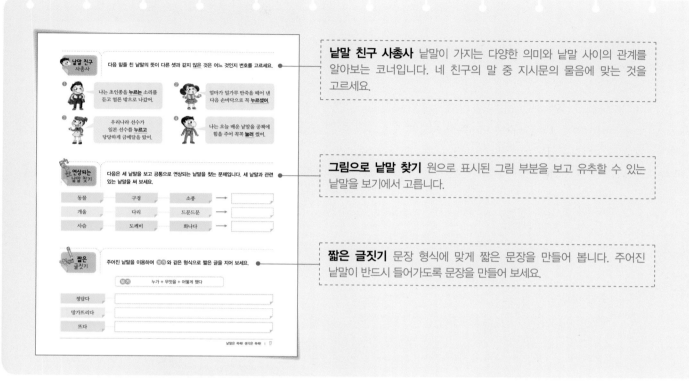

낱말 친구 사총사 낱말이 가지는 다양한 의미와 낱말 사이의 관계를 알아보는 코너입니다. 네 친구의 말 중 지시문의 물음에 맞는 것을 고르세요.

그림으로 낱말 찾기 원으로 표시된 그림 부분을 보고 유추할 수 있는 낱말을 보기에서 고릅니다.

짧은 글짓기 문장 형식에 맞게 짧은 문장을 만들어 봅니다. 주어진 낱말이 반드시 들어가도록 문장을 만들어 보세요.

낱말 쌈 싸 먹기

'낱말 쌈 싸 먹기'는 맞춤법, 띄어쓰기 코너를 통해 올바른 낱말 표기를 위해 곡 알아야 할 규칙을 알아봅니다. 또한 관용어와 한자어 꼭지를 통해 상황에 어울리는 속담이나 격언을 찾고, 문장의 의미에 맞는 한자어나 사자성어를 알아봅니다.

맞춤법 두 낱말 중 맞춤법이 올바른 낱말을 찾거나, 맞춤법이 틀린 낱말을 찾아 바르게 고쳐 써 봅니다.

띄어쓰기 두 낱말 중 띄어쓰기가 올바르게 된 낱말을 고릅니다.

관용어 □를 채워 그림이 표현하는 상황에 어울리는 속담이나 격언 등의 관용어를 만들어 봅니다.

한자어 자연스러운 문장이 되도록 □ 안에 들어갈 알맞은 한자어나 사자성어를 찾아봅니다.

꾸준함이 어휘력을 키우는
가장 좋은 방법입니다!

공습국어
초등어휘의 활용

하나 처음 일주일 정도는 아이와 함께 하세요

공습국어 초등어휘의 코너 구성과 문제 유형을 아이가 이해할 수 있도록 일주일 정도는 아이와 함께 문제를 풀어보세요. 각각의 문제 유형을 설명해주고, 채점을 통해 아이에게 미진한 부분이 있으면 다시 설명해주면서 아이가 혼자서도 충분히 문제를 해결할 수 있도록 도와주세요.

둘 꾸준히 학습할 수 있는 환경을 만들어주세요

매일 1회분씩 학습 진도를 나가는 것이 가장 이상적이긴 하지만 현실적으로 불가능한 경우가 많습니다. 따라서 매일이 아니더라도 꾸준히 교재를 볼 수 있도록 학습 스케줄을 잡아 주세요. 이때 부모님이 일방적으로 결정하지 마시고 아이와 충분히 상의하여 가능한 아이의 의견이 반영되도록 해주세요.

셋 1권부터 순서대로 학습할 수 있도록 해 주세요

공습국어 초등어휘 심화 단계는 각 학년별 4~6권에 해당합니다. 그리고 문제 유형이나 내용이 1~3권에 비해 다소 복잡하거나 어렵습니다. 따라서 어휘력 학습을 처음 시작하는 경우라면 1권부터 순서대로 교재를 보는 것이 좋습니다. 물론 이전에 어휘력 교재를 보았거나 국어 실력이 상위권이라면 4권부터 시작해도 괜찮습니다.

넷 문제 풀이에 걸리는 적정한 시간은 10분 내외입니다

문제를 푸는 데 걸리는 시간은 대략 10분 정도면 충분합니다. 하지만 문제 유형이 익숙하지 않은 초반에는 이보다 시간이 더 걸릴 수도 있습니다. 따라서 일정 기간 동안은 시간에 구애 받지 않고 편하게 문제를 풀면서 교재에 적응할 수 있도록 해 주세요.

다섯 낱말 쌈 싸 먹기 문제는 이렇게 준비해 주세요

'낱말 쌈 싸 먹기' 문제는 한글 맞춤법과 관용어의 의미를 알고 있어야 문제를 해결할 수 있습니다. 따라서 11~12쪽에 있는 '알쏭달쏭 낱말 알기'와 '관용어 알아보기'를 틈틈이 확인해서 그 내용을 아이가 기억할 수 있도록 해주세요.

가로·세로 낱말 만들기는 이렇게 풀어요!

'가로·세로 낱말 만들기'는 본격적인 어휘력 학습에 들어가기 전의 워밍업 단계로서 앞선 회에 배운 낱말을 복습하는 활동입니다.

1회에서는 낱말 만들기를 연습합니다. 이미 만들어야 한 낱말이 제시되어 있는데, 글자 표에서 해당 낱말을 찾아본 다음 낱말 판 안의 낱말을 연결하여 해당 낱말을 만들어 봅니다.

2회부터 실제 낱말 만들기를 하게 되는데 이때 낱말 판 안에 낱말을 만들 때 꼭 알아두어야 할 기본 규칙이 있습니다.

- 낱말 판 안에 제시된 낱말을 연결하여 낱말을 만들어야 합니다.
- 낱말 판 안에 색이 칠해진 칸에는 낱말을 만들 수 없습니다.
- 글자는 한 번만 사용 가능하며 중복하여 사용할 수 없습니다.
- 국어사전에 등재되지 않은 낱말은 쓸 수 없습니다.

이 네 가지 기본 규칙을 꼭 기억해서 낱말을 만들 때 실수하지 않도록 하세요.
그럼 낱말을 만드는 기본 순서를 알아볼까요?

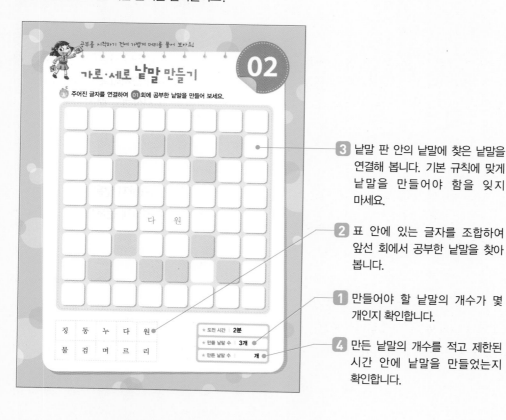

3 낱말 판 안의 낱말에 찾은 낱말을 연결해 봅니다. 기본 규칙에 맞게 낱말을 만들어야 함을 잊지 마세요.

2 표 안에 있는 글자를 조합하여 앞선 회에서 공부한 낱말을 찾아 봅니다.

1 만들어야 할 낱말의 개수가 몇 개인지 확인합니다.

4 만든 낱말의 개수를 적고 제한된 시간 안에 낱말을 만들었는지 확인합니다.

'낱말은 쏙쏙! 생각은 쑥쑥!'은 이렇게 풀어요!

그림으로 낱말 찾기

'그림으로 낱말 찾기'는 사물의 이름이나, 동작 혹은 어떤 상태나 느낌 등을 나타내는 낱말을 그림을 보면서 유추해보는 활동을 하는 꼭지입니다. 동그라미로 표시된 그림 부분이 아래 보기의 낱말 중 어느 것에 해당하는 지 찾아본 다음, 알맞은 낱말을 □ 안에 적습니다. 그림은 보는 사람에 따라 여러 가지 낱말로 만들 수 있기 때문에 반드시 보기에 제시된 낱말 중에서 가장 알맞은 낱말을 선택해야 합니다.

그리고 □ 위에는 낱말이 가리키는 품사가 적혀 있는데 보기 중에 정답으로 쓸 수 있는 낱말이 두 개 이상 있다면 제시된 품사에 맞는 낱말을 적어야 합니다. 참고로 각각의 품사가 가지고 있는 의미는 다음과 같습니다.

- **이름씨** : 사물의 이름을 나타내는 품사
- **움직씨** : 사물의 동작이나 작용을 나타내는 품사
- **그림씨** : 사물의 성질이나 상태를 나타내는 품사
- **어찌씨** : 다른 말 앞에 놓여 그 뜻을 분명하게 나타내는 품사

낱말 뜻 알기

'낱말 뜻 알기'는 낱말의 기본적인 뜻을 알아보는 활동입니다. 낱말의 뜻을 알기 위해서는 설명하고 있는 글의 □를 채워야 하는데, □에는 어떤 특정한 낱말의 첫 글자가 제시되어 있습니다. 제시된 첫 글자와 전체 문장의 내용을 보고 빈 □ 안에 적당한 글자를 써야 합니다.

□에 채워 완성해야 할 낱말을 비교적 쉽고 단순한 낱말들로 되어 있으므로 조금만 생각해보면 □를 채워 문장을 완성할 수 있을 것입니다.

'낱말은 쏙쏙! 생각은 쑥쑥!'에서 각 활동별로 공부하게 되는 낱말들은 '그림으로 낱말 찾기' 활동의 보기에 제시되어 있습니다. 모두 8~10개의 낱말을 공부하게 되는데, 보기에 제시된 낱말을 잘 살펴보면 모든 활동을 어렵지 않게 짧은 시간 안에 끝낼 수 있습니다.

낱말 친구 사총사

'낱말 친구 사총사'에서는 크게 3가지 활동을 하게 됩니다. 첫째는 소리는 같은 글자이지만 뜻이 다른 낱말을 찾는 활동, 둘째는 다른 세 낱말을 포함하는 큰 말을 찾는 활동, 셋째는 문장 안의 일부 구절이 어떤 뜻인지 찾는 활동입니다.

첫째 번 활동을 예를 들자면 '배'라는 낱말의 경우 문장 안에서 과일의 배로 쓰일 수도 있고 타는 배로 쓰일 수도 있습니다. 이때 만약 세 친구는 '타는 배'라는 뜻으로 배를 사용했고, 한 친구만 '과일의 배'라는 뜻으로 배를 사용했다면 셋과 다르게 말한 한 친구를 정답으로 선택합니다.

연상되는 낱말 찾기

'연상되는 낱말 찾기'는 제시된 세 낱말을 보고 공통으로 연상할 수 있는 낱말을 찾아보는 활동입니다. 제시된 세 낱말은 찾아야 할 낱말의 사전적인 의미이거나 조건이나 상태 등을 나타냅니다.

예를 들어 '산', '배낭', '오르다'라는 세 낱말이 주어졌다면 이 세 낱말을 통해 공통으로 연상할 수 있는 낱말로 '등산'을 떠올릴 수 있을 것입니다.

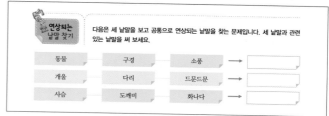

짧은 글짓기

'짧은 글짓기'는 주어진 문장 형식에 맞게 낱말을 넣어 짧은 글을 지어보는 활동입니다. 여러 가지 문장 형식으로 짧은 글을 만들다 보면 낱말이 문장 안에서 쓰일 때 어떻게 활용되는지 확인할 수 있습니다.

만약 '가방'이라는 낱말이 주어지고 이 낱말이 '누가 + 무엇을 + 어떻게 했다'라는 문장 형식을 가진 글에 들어가야 한다면 다음과 같이 문장을 만들 수 있습니다.

아버지께서 가방을 가져갔다.

'낱말 쌈 싸 먹기'는 이렇게 풀어요!

'낱말 쌈 싸 먹기'는 맞춤법, 띄어쓰기, 관용어, 한자어와 관련된 문제를 풀게 됩니다. 이 문제들을 풀기 위해서는 다음 쪽에 나오는 '알쏭달쏭 낱말 알기'와 '관용어 알아보기'를 꼼꼼히 읽어 보세요. 문제를 푸는 데 많은 도움이 될 것입니다.

맞춤법

문장 안에 잘못 쓴 낱말을 찾아 바로 고쳐 쓰거나, 두 낱말 중 바르게 쓴 낱말을 찾는 활동입니다. 오른쪽 그림에서처럼 '가게, 가개' 두 낱말이 주어졌다면 '가게'가 바르게 쓴 낱말이므로 '가게'에 동그라미를 치면 됩니다. 맞춤법 문제에 나온 낱말은 11쪽 '알쏭달쏭 낱말 알기'에 정리해 놓았으므로 미리 읽어 두세요.

> **맞춤법** 다음 문장에서 ( ) 안의 낱말 중 맞춤법이 맞는 낱말에 ○표 하세요.
>
> 동생은 (가게, 가개)에 심부름을 갔다.

띄어쓰기

굵게 표시된 두 낱말을 중 띄어쓰기가 맞는 것을 찾는 활동입니다. 띄어쓰기 문제를 쉽게 풀기 위해서는 [도움말]을 반드시 읽어보기 바랍니다. [도움말]에는 문제로 나온 낱말을 띄어 써야 할지, 붙여 써야 할지 중요한 힌트가 들어 있기 때문입니다.

> **띄어쓰기** 주어진 두 문장 중 하나에는 띄어쓰기가 틀린 부분이 있습니다. 둘 중 바르게 띄어쓰기를 한 문장을 찾아서 ○표 하세요.
>
> ㉮ 바구니에서 사탕을 **몇 개** 꺼냈습니다.　　㉯ 바구니에서 사탕을 **몇개** 꺼냈습니다.
>
> [도움말] 수량이나 회수를 세는 단위로 사용된 낱말은 띄어 씁니다.

관용어

그림에 제시된 상황과 관련된 속담이나 격언 등의 관용어를 찾는 활동입니다. □ 안에 글자를 넣어 관용어를 완성해 보세요. 예를 들어 '□□ 밑이 어둡다'라는 문제가 주어졌다면 □ 안에 '등잔'을 적으면 됩니다. 속담이나 격언 등을 잘 모른다면 12쪽 '관용어 알아보기'를 미리 읽어 두세요.

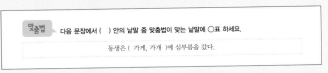

> **관용어** □ 안에 낱말을 넣어서 그림 속 상황과 어울리는 속담이나 격언 등을 만들어 보세요.
>
> 제 지우개 못 보셨어요? 아무리 찾아도 없어요.
> 네 손에 들고 있잖니.
>
> □□ 밑이 어둡다

한자어

문장을 읽고 □ 안에 들어갈 한자어나 사자성어를 보기에서 찾아 적는 활동입니다. 한자나 사자성어를 잘 모른다면 한자 사전이나 사자성어를 정리해 둔 책을 같이 놓고 문제를 풀기 바랍니다.

> **한자어** 글의 의미에 맞게 □ 안에 들어갈 알맞은 한자어를 보기에서 찾아 써 보세요.
>
> 선생님께서 □□에 들어오셔서서 □□들에게 말씀하셨다.
>
> [보기] • 敎室　• 居室　• 學生　• 先生

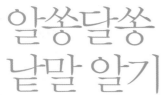

알쏭달쏭 낱말 알기

○ 개구쟁이	✕ 개구장이	○ 강낭콩	✕ 강남콩
○ 게양	✕ 계양	○ 거꾸로	✕ 꺼꾸로
○ 고깔	✕ 꼬깔	○ 걸음	✕ 거름
○ 난쟁이	✕ 난장이	○ 나들이	✕ 나드리
○ 달걀	✕ 닭알	○ 날짜	✕ 날자
○ 우레	✕ 우뢰	○ 무릎	✕ 무릅
○ 발자국	✕ 발자욱	○ 베개	✕ 배개
○ 부엌	✕ 부억	○ 비빔밥	✕ 비빈밥
○ 뻐꾸기	✕ 뻐꾹이	○ 살코기	✕ 살고기
○ 얼음	✕ 어름	○ 여덟	✕ 여덜
○ 예쁘다	✕ 이쁘다	○ 오뚝이	✕ 오뚜기
○ 오순도순	✕ 오손도손	○ 이튿날	✕ 이튼날
○ 지게	✕ 지개	○ 지우개	✕ 지우게

관용어 알아보기

- **가슴에 새기다** : 잊지 않게 단단히 마음에 기억하다.
- **개구리 올챙이 적 생각 못 한다** : 지난날의 미천하거나 어렵던 때를 잊어버리고 처음부터 잘난 듯이 뽐냄.
- **고래 싸움에 새우 등 터진다** : 강한 자들끼리 싸우는 데 약한 자가 중간에 끼어 피해를 입음.
- **구름같이 모여들다** : 한꺼번에 많이 모여들다.
- **귀가 가렵다** : 남이 제 말을 한다고 느끼다.
- **귀에 못이 박히다** : 같은 말을 여러 번 듣다.
- **금강산도 식후경** : 아무리 재미있는 일이라도 배가 불러야 흥이 난다는 말.
- **꿩 먹고 알 먹는다** : 한 가지 일을 하여 두 가지 이상의 이익을 보게 됨.
- **누워서 침 뱉기** : 남을 해치려고 하다가 도리어 자기가 해를 입게 된다는 말.
- **도둑이 제 발 저리다** : 지은 죄가 있으면 자연히 마음이 조마조마하여짐.
- **도토리 키 재기** : 정도가 고만고만한 사람끼리 서로 다툼을 이르는 말.
- **돌다리도 두들겨 보고 건너라** : 잘 아는 일이라도 세심하게 주의를 하라는 말.
- **떡 줄 사람은 꿈도 안 꾸는데 김칫국부터 마신다** : 해 줄 사람은 생각지도 않는데 미리부터 다 된 일로 알고 행동한다는 말.
- **똥 묻은 개가 겨 묻은 개 나무란다** : 자기는 더 큰 흉이 있으면서 도리어 남의 작은 흉을 본다는 말.
- **목마른 놈이 우물 판다** : 제일 급하고 일이 필요한 사람이 그 일을 서둘러 하게 되어 있다는 말.
- **물 쓰듯** : 물건을 헤프게 쓰거나, 돈 따위를 흥청망청 낭비하다.
- **바늘 도둑이 소도둑 된다** : 작은 나쁜 짓도 자꾸 하게 되면 큰 죄를 저지르게 된다.
- **발 없는 말이 천리 간다** : 말은 비록 발이 없지만 천 리 밖까지도 순식간에 퍼진다는 뜻.
- **발등에 불 떨어지다** : 일이 몹시 절박하게 닥치다.
- **어깨가 무겁다** : 무거운 책임을 져서 마음에 부담이 크다.
- **우는 아이 젖 준다** : 무슨 일에 있어서나 자기가 요구하여야 쉽게 구할 수 있음을 이르는 말.
- **윗물이 맑아야 아랫물이 맑다** : 윗사람이 잘하면 아랫사람도 따라서 잘하게 된다는 말.
- **입에 자물쇠를 채우다** : 말하지 않다.
- **쥐 죽은 듯** : 매우 조용한 상태.
- **쥐뿔도 모르다** : 아무것도 알지 못한다.
- **쪽박을 차다** : 거지가 되다.
- **콩 심은 데 콩 나고 팥 심은 데 팥 난다** : 모든 일은 근본에 따라 거기에 걸맞은 결과가 나타난다.
- **하룻강아지 범 무서운 줄 모른다** : 철없이 함부로 덤비는 경우를 비유적으로 이르는 말.
- **허리띠를 졸라매다** : 검소한 생활을 하다.
- **호랑이에게 물려가도 정신만 차리면 산다** : 위급한 경우를 당하더라도 정신만 똑똑히 차리면 위기를 벗어날 수 있다.

차례
Contents

공습국어를 시작하며

이제 본격적인 어휘력 공부를 시작하게 돼요.

크게 숨을 한 번 내쉬면서 마음을 가다듬어 보세요.

책을 끝까지 볼 수 있을까? 문제가 어렵지는 않을까? 하는 걱정이

들기도 하겠지만 막상 시작해보면 괜한 걱정이었다 싶을 거예요.

한 번에 밥을 많이 먹으면 탈이 날 수 있는 것처럼

하루에 1회씩만 꾸준히 풀어 보세요.

그러다 보면 어느새 어휘력이

무럭무럭 자라나 있는 걸 볼 수 있을 거예요.

자 그럼 이제 출발해 볼까요?

가로·세로 낱말 만들기

 낱말 만들기 연습을 해 보세요.

				화			
			기	분			

기	궁	분	극	연
순	태	화	류	무

★ 만들어야 할 낱말 : 태극기, 무궁화, 연기, 분류
★ 낱말 만들기 방법은 7쪽을 참고하세요.

낱말은 쏙쏙! 생각은 쑥쑥!

낱말 영역 |

걸린 시간 | 　　분 　　초

 **그림으로 낱말 찾기**

지시선이 가리키는 그림을 보고 사물의 이름이나 행동, 상태 등에 해당하는 낱말을 보기 에서 찾아 ☐ 안에 쓰세요.

❶ 이름씨
☐☐

❸ 이름씨
☐☐

❷ 이름씨
☐☐

❹ 이름씨
☐

❺ 이름씨
☐☐☐

논의 ☐☐에 웬 새가?

이렇게 멋진 녀석은 내 ☐☐ 처음 봐.

보기 　· 새싹 　· 말 　· 논두렁 　· 봇도랑 　· 평생 　· 복판 　· 말다 　· 꿩

 **낱말 뜻 알기**

☐ 안에는 어떤 낱말의 첫 글자가 쓰여 있습니다. 이 첫 글자를 참고하여 ☐에 알맞은 말을 넣어 낱말 풀이를 완성해 보세요.

❶ **말** : 곡☐ 이나 액체, 가루 등의 양을 재는 단☐.

❷ **봇도랑** : ☐에 물을 대기 위하여 둑을 쌓고, 물을 대거나 빼게 만든 도☐.

❸ **논두렁** : 물이 모여 있도록 논의 가☐☐☐ 를 흙으로 둘러막아 만든 것.

❹ **복판** : 넓은 장☐ 나 사물의 가☐☐ 가 되는 곳.

❺ **말다** : 밥이나 국☐ 따위를 물이나 국☐ 에 넣어서 풀다.

낱말 친구 사총사 다음 밑줄 친 낱말의 뜻이 다른 셋과 같지 <u>않은</u> 것은 어느 것인지 번호를 고르세요.

❶ 쌀 한 **말**을 얻어 오려고 길을 나섰어.

❷ 수영이는 바르고 고운 **말**을 써.

❸ 한 **말**은 열 되로, 약 18리터에 해당해.

❹ 보리 두 **말**로 추운 겨울을 났어.

연상되는 낱말 찾기 다음은 세 낱말을 보고 공통으로 연상되는 낱말을 찾는 문제입니다. 세 낱말과 관련 있는 낱말을 써 보세요.

봄	돋아나다	초록	⟶	
새	까투리	장끼	⟶	
국물	국수	밥	⟶	

짧은 글짓기 주어진 낱말을 이용하여 **보기** 와 같은 형식으로 짧은 글을 지어 보세요.

보기 누가 + 어디서 + 무엇을 + 어떻게 했다

평생	
논두렁	
복판	

낱말 쌈 싸 먹기

알쏭달쏭 헷갈리는 맞춤법, 띄어쓰기, 관용어, 한자어가 이제 한입에 쏙!
하루에 한 쪽씩 맛있게 냠냠 해치우자!

맞춤법 ── 다음 문장에서 (   ) 안의 낱말 중 맞춤법이 맞는 낱말에 ◯표 하세요.

내 친구 인서는 정말 (개구장이, 개구쟁이)다.

띄어쓰기 ── 주어진 두 문장 중 하나에는 띄어쓰기가 틀린 부분이 있습니다. 둘 중 바르게 띄어쓰기를 한 문장을 찾아서 ◯표 하세요.

㉮ 커다란 배 **한척**이 서서히 다가왔습니다.

㉯ 커다란 배 **한 척**이 서서히 다가왔습니다.

도움말 수량이나 횟수를 세는 단위는 띄어 씁니다.

관용어 ── ☐ 안에 낱말을 넣어서 그림 속 상황과 어울리는 속담이나 격언 등을 만들어 보세요.

어, 엄마, 오늘 숙제 다 했어요.

네가 웬일이냐?

☐ ☐ 이 제 ☐ 저리다

한자어 ── 글의 의미에 맞게 ☐ 안에 들어갈 알맞은 한자어를 보기 에서 찾아 써 보세요.

우리 ☐ ☐ 에는 훌륭한 ☐ ☐ 님들이 많이 계신다.

보기 · 學生   · 學校   · 先生   · 先祖

 주어진 글자를 연결하여 **01** 회에 공부한 낱말을 만들어 보세요.

		복	도				
논	평						

두	복	평	봇	판
도	생	렁	랑	논

★ 도전 시간 | **2분**

★ 만들 낱말 수 | **4개**

★ 만든 낱말 수 | 개

낱말은 쏙쏙! 생각은 쑥쑥!

 **그림으로 낱말 찾기**

지시선이 가리키는 그림을 보고 사물의 이름이나 행동, 상태 등에 해당하는 낱말을 보기 에서 찾아 □ 안에 쓰세요.

❶ 움직씨

❷ 이름씨

❸ 이름씨

❹ 이름씨

❺ 움직씨

보기　• 세다　• 낱개　• 모형　• 묶음　• 비교　• 크기　• 규칙　• 맞히다

 **낱말 뜻 알기**

□ 안에는 어떤 낱말의 첫 글자가 쓰여 있습니다. 이 첫 글자를 참고하여 □에 알맞은 말을 넣어 낱말 풀이를 완성해 보세요.

❶ **낱개** : 여□ 가운데 따로따로인 한 개 한 개.

❷ **규칙** : 여러 사□ 이 다 같이 지키기로 작정한 법□ .

❸ **묶음** : 묶어 놓은 덩□ 를 세는 단□ .

❹ **비교** : 둘 이상의 사□ 을 견주어 봄.

❺ **모형** : 실□ 을 본떠서 만든 물□ .

낱말 친구
사총사

다음 보기 의 글에서 밑줄 친 말이 뜻하는 것을 올바르게 말하고 있는 친구는 누구인지 고르세요.

보기　　밤하늘에 반짝반짝 별들이 **셀 수 없이** 많다.

❶ 많을수록 좋다는 뜻이야.

❷ 크기가 작아서 세기 어렵다는 뜻이야.

❸ 셀 수 없을 만큼 매우 많다는 뜻이야.

❹ 감촉이 딱딱하고 뻣뻣하다는 뜻이야.

연상되는 낱말 찾기

다음은 세 낱말을 보고 공통으로 연상되는 낱말을 찾는 문제입니다. 세 낱말과 관련 있는 낱말을 써 보세요.

경기	어기다	지키다	→
덩이	색종이	단위	→
수수께끼	정답	퀴즈	→

짧은 글짓기

주어진 낱말을 이용하여 보기 와 같은 형식으로 짧은 글을 지어 보세요.

보기　　누가 + 언제 + 무엇을 + 어떻게 했다

크기	
낱개	
비교	

낱말 쌈 싸 먹기

알쏭달쏭 헷갈리는 맞춤법, 띄어쓰기, 관용어, 한자어가 이제 한입에 쏙!

하루에 한 쪽씩 맛있게 냠냠 해치우자!

맞춤법 ━ 다음 문장에서 맞춤법이 틀린 낱말을 찾아 바르게 고쳐 써 보세요.

> 강남콩을 밥에 넣어 먹었다. (   ) → (   )

띄어쓰기 ━ 주어진 두 문장 중 하나에는 띄어쓰기가 틀린 부분이 있습니다. 둘 중 바르게 띄어쓰기를 한 문장을 찾아서 ○표 하세요.

㉮ 우리 아빠는 **날김치**를 좋아하셔.   ㉯ 우리 아빠는 **날 김치**를 좋아하셔.

도움말 뒷말에 뜻을 더해 한 낱말이 된 경우에는 붙여 씁니다.

관용어 ━ □ 안에 낱말을 넣어서 그림 속 상황과 어울리는 속담이나 격언 등을 만들어 보세요.

□ 묻은 개가
□ 묻은 개 나무란다

한자어 ━ 글의 의미에 맞게 □ 안에 들어갈 알맞은 사자성어를 **보기** 에서 찾아 써 보세요.

장군은 나라의 운명이 □□□□ (와)과 같다며 길게 한숨을 내쉬었다.

보기 · 풍전등화(風前燈火) · 칠전팔기(七顚八起) · 백발백중(百發百中)

가로·세로 낱말 만들기

 주어진 글자를 연결하여 02 회에 공부한 낱말을 만들어 보세요.

					음		
		개		규	모		
		비					

뮤	칙	비	개	모
교	낱	형	음	규

★ 도전 시간	**2분**
★ 만들 낱말 수	**5개**
★ 만든 낱말 수	**개**

낱말은 쏙쏙! 생각은 쑥쑥!

그림으로 낱말 찾기

지시선이 가리키는 그림을 보고 사물의 이름이나 행동, 상태 등에 해당하는 낱말을 **보기** 에서 찾아 ☐ 안에 쓰세요.

❶ 이름씨

❷ 이름씨

❸ 움직씨

❹ 움직씨

❺ 움직씨

보기 · 떠들다　· 노력　· 학급문고　· 가지런하다　· 정돈　· 깨우다　· 지각　· 일어나다

낱말 뜻 알기

☐ 안에는 어떤 낱말의 첫 글자가 쓰여 있습니다. 이 첫 글자를 참고하여 ☐에 알맞은 말을 넣어 낱말 풀이를 완성해 보세요.

❶ **지각** : 정해진 시☐ 보다 늦게 도☐ 함.

❷ **정돈** : 어☐☐ 게 흩어진 것을 규모 있게 고쳐 놓거나 가지런히 바로잡아 정☐ 함.

❸ **떠들다** : 시☐ 게 큰 소☐ 로 말하다.

❹ **노력** : 목☐ 을 이루기 위하여 몸과 마음을 다하여 애를 씀.

❺ **학급문고** : 각 학☐ 에서 학생들이 볼 수 있도록 모아 둔 책. 또는 그 책을 둔 곳.

낱말 친구 사총사

다음 밑줄 친 낱말의 뜻이 다른 셋과 같지 <u>않은</u> 것은 어느 것인지 번호를 고르세요.

①  칠레에서 지진이 **일어났어.**

② 그만 자고 **일어나** 학교에 가야지.

③ 늦게 **일어나** 학교에 지각을 했어.

④  아침 일찍 **일어났더니** 기분이 상쾌해.

연상되는 낱말 찾기

다음은 세 낱말을 보고 공통으로 연상되는 낱말을 찾는 문제입니다. 세 낱말과 관련 있는 낱말을 써 보세요.

늦다	수업	회사	→	
정리	책상	방	→	
말하다	시끄럽다	야단맞다	→	

짧은 글짓기

주어진 낱말을 이용하여 보기 와 같은 형식으로 짧은 글을 지어 보세요.

보기   누가 + 언제 + 무엇을 + 어떻게 했다

깨우다	
학급문고	
가지런하다	

낱말 쌈 싸 먹기

알쏭달쏭 헷갈리는 맞춤법, 띄어쓰기, 관용어, 한자어가 이제 한입에 쏙!
하루에 한 쪽씩 맛있게 냠냠 해치우자!

맞춤법　다음 문장에서 (　) 안의 낱말 중 맞춤법이 맞는 낱말에 ○표 하세요.

> 한글날, 국기를 대문에 (게양, 계양)하였다.

띄어쓰기　주어진 두 문장 중 하나에는 띄어쓰기가 틀린 부분이 있습니다. 둘 중 바르게 띄어쓰기를 한 문장을 찾아서 ○표 하세요.

㉮ **꽃가루** 때문에 재채기가 나왔습니다.　　㉯ **꽃 가루** 때문에 재채기가 나왔습니다.

도움말 두 낱말이 합쳐져서 한 낱말이 된 경우에는 붙여 씁니다.

관용어　□ 안에 낱말을 넣어서 그림 속 상황과 어울리는 속담이나 격언 등을 만들어 보세요.

문방구에서
오늘 하루 장난감을
공짜로 준대!

□□같이 모여들다

한자어　글의 의미에 맞게 □ 안에 들어갈 알맞은 한자어를 보기 에서 찾아 써 보세요.

□□(은)는 내가 이 □□에 처음 태어난 날이다.

보기　·生日　　·生前　　·世上　　·上下

가로·세로 낱말 만들기

04

 주어진 글자를 연결하여 **03** 회에 공부한 낱말을 만들어 보세요.

			학	력			
			고	정			

력	문	돈	지	정
학	각	급	노	고

★ 도전 시간 | **2분**

★ 만들 낱말 수 | **4개**

★ 만든 낱말 수 | **개**

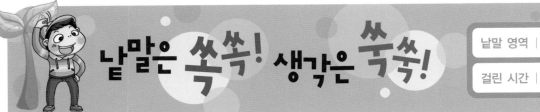

낱말은 쏙쏙! 생각은 쑥쑥!

낱말 영역 |

걸린 시간 |　　　분　　　초

그림으로 낱말 찾기

지시선이 가리키는 그림을 보고 사물의 이름이나 행동, 상태 등에 해당하는 낱말을 보기 에서 찾아 □ 안에 쓰세요.

❶ 이름씨

❷ 이름씨

❸ 움직씨

❹ 움직씨

❺ 움직씨

보기 · 달라지다　· 본뜨기　· 도장　· 사용하다　· 나누다　· 과정　· 늘어놓다　· 사진　· 맞추다

낱말 뜻 알기

□ 안에는 어떤 낱말의 첫 글자가 쓰여 있습니다. 이 첫 글자를 참고하여 □에 알맞은 말을 넣어 낱말 풀이를 완성해 보세요.

❶ **과정** : 일이 되어 가는 경[ ].

❷ **본뜨기** : 무엇을 본[ ]로 삼아 그[ ] 만들거나 행하는 일.

❸ **맞추다** : 서로 떨어져 있는 부[ ]을 제[ ]에 맞게 대어 붙이다.

❹ **사용하다** : 일정한 목[ ]이나 기[ ]에 맞게 쓰다.

❺ **도장** : 일정한 표적으로 삼기 위하여 개인, 단체, 관직 따위의 이[ ]을 나무, 뼈, 뿔 따위에 새겨 문[ ]에 찍도록 만든 물건.

낱말 친구 사총사

다음 밑줄 친 낱말의 뜻이 다른 셋과 같지 <u>않은</u> 것은 어느 것인지 번호를 고르세요.

❶  이름 옆에 **도장**을 찍었어.

❷  태어나서 처음으로 **도장**을 새겼어.

❸  아버지와 나의 발 **도장**을 비교했어.

❹  태권도 **도장**에 다니면서 몸이 튼튼해졌어.

연상되는 낱말 찾기

다음은 세 낱말을 보고 공통으로 연상되는 낱말을 찾는 문제입니다. 세 낱말과 관련 있는 낱말을 써 보세요.

찍다	사진기	앨범	→	
모양	똑같다	만들다	→	
변하다	생김새	바뀌다	→	

짧은 글짓기

주어진 낱말을 이용하여 보기 와 같은 형식으로 짧은 글을 지어 보세요.

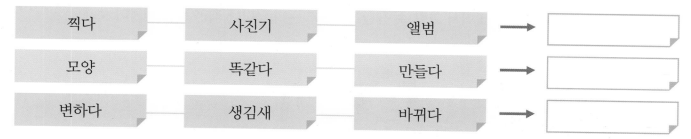

보기   누가 + 무엇을 + 어떻게 했다

늘어놓다	
사용하다	
나누다	

낱말 쌈 싸 먹기

알쏭달쏭 헷갈리는 맞춤법, 띄어쓰기, 관용어, 한자어가 이제 한입에 쏙!
하루에 한 쪽씩 맛있게 냠냠 해치우자!

맞춤법 다음 문장에서 맞춤법이 **틀린** 낱말을 찾아 바르게 고쳐 써 보세요.

나는 철봉에 꺼꾸로 매달리기를 잘한다. (   ) → (   )

띄어쓰기 주어진 두 문장 중 하나에는 띄어쓰기가 틀린 부분이 있습니다. 둘 중 바르게 띄어쓰기를 한 문장을 찾아서 ○표 하세요.

㉮ 지렁이가 **기어 가는** 모습을 관찰했습니다.

㉯ 지렁이가 **기어가는** 모습을 관찰했습니다.

도움말 '기어서 가다.' 라는 뜻을 가진 한 낱말입니다.

관용어 □ 안에 낱말을 넣어서 그림 속 상황과 어울리는 속담이나 격언 등을 만들어 보세요.

생일에 게임기를 사 주시면 친구랑 같이 게임할 거예요.

누가 게임기 사 준대?

□ 줄 사람은 꿈도 안 꾸는데 □□□부터 마신다

한자어 글의 의미에 맞게 □ 안에 들어갈 알맞은 사자성어를 보기 에서 찾아 써 보세요.

두 선수가 □□□□의 실력을 갖고 있어서, 누가 더 나은지 평가하기가 어렵다.

보기 • 난형난제(難兄難弟)   • 금상첨화(錦上添花)   • 오합지졸(烏合之卒)

가로·세로 **낱말** 만들기

 주어진 글자를 연결하여 **04** 회에 공부한 낱말을 만들어 보세요.

					과		
				기	도		
				사			

도	본	장	용	진
기	과	사	정	뜨

★ 도전 시간	**2분**
★ 만들 낱말 수	**5개**
★ 만든 낱말 수	**개**

낱말은 쏙쏙! 생각은 쑥쑥!

그림으로 낱말 찾기

지시선이 가리키는 그림을 보고 사물의 이름이나 행동, 상태 등에 해당하는 낱말을 보기 에서 찾아 □ 안에 쓰세요.

③ 이름씨

① 이름씨

② 그림씨

④ 이름씨

⑤ 이름씨

보기　•봉우리　•협동　•나중　•가장자리　•가볍다　•더럽다　•보따리　•장터

낱말 뜻 알기

□ 안에는 어떤 낱말의 첫 글자가 쓰여 있습니다. 이 첫 글자를 참고하여 □에 알맞은 말을 넣어 낱말 풀이를 완성해 보세요.

① 봉우리 : 산에서 [뾰][ ]하게 높이 솟은 부분.

② 가장자리 : [둘][ ]나 끝에 해당하는 부분.

③ 협동 : 서로 [마][ ]과 힘을 [하][ ]로 합함.

④ 나중 : 얼마의 [시][ ]이 [지][ ] 때.

⑤ 더럽다 : 때나 [찌][ ][ ] 따위가 있어 [지][ ][ ]하다.

낱말 친구 사총사

다음 밑줄 친 두 낱말의 관계가 다른 셋과 같지 <u>않은</u> 것은 어느 것인지 번호를 고르세요.

① 내가 **먼저** 나갈게.
넌 **나중**에 와.

② 강 **가장자리**에서 **가운데**까지 배로 1시간이 걸려.

③ 커다란 가방을 들었는데 보기보다 **무겁지** 않고 **가벼웠어**.

④ 사람들이 버리고 간 쓰레기로 운동장이 **더럽고 지저분했어**.

연상되는 낱말 찾기

다음은 세 낱말을 보고 공통으로 연상되는 낱말을 찾는 문제입니다. 세 낱말과 관련 있는 낱말을 써 보세요.

산	높다	깃발	⟶	
보자기	여행	장사	⟶	
시골	시장	상인	⟶	

짧은 글짓기

주어진 낱말을 이용하여 (보기)와 같은 형식으로 짧은 글을 지어 보세요.

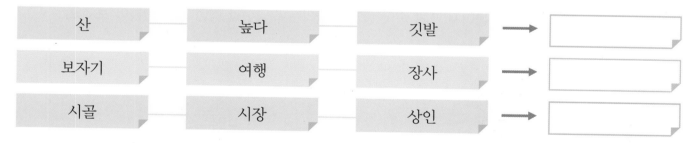

보기   누가 + 언제 + 무엇을 + 어떻게 했다

협동	
장터	
더럽다	

낱말 쌈 싸 먹기

알쏭달쏭 헷갈리는 맞춤법, 띄어쓰기, 관용어,
한자어가 이제 한입에 쏙!
하루에 한 쪽씩 맛있게 냠냠 해치우자!

맞춤법   다음 문장에서 (　) 안의 낱말 중 맞춤법이 맞는 낱말에 ○표 하세요.

종이를 세모로 접어 (꼬깔, 고깔)모자를 만들었다.

띄어쓰기   주어진 두 문장 중 하나에는 띄어쓰기가 틀린 부분이 있습니다. 둘 중 바르게 띄어쓰기를 한 문장을 찾아서 ○표 하세요.

㉮ 매일매일 간식을 챙겨 주셨습니다.

㉯ 매일 매일 간식을 챙겨 주셨습니다.

도움말   '매일'을 강조하는 한 낱말입니다.

관용어   □ 안에 낱말을 넣어서 그림 속 상황과 어울리는 속담이나 격언 등을 만들어 보세요.

목마른 놈이
□ □ 판다

한자어   글의 의미에 맞게 □ 안에 들어갈 알맞은 한자어를 **보기**에서 찾아 써 보세요.

나는 □ □ (을)를 좋아하기 때문에, 열심히 □ □ 해서 훌륭한 통역사가 되고 싶다.

보기   ・英語   ・英才   ・工夫   ・工場

가로·세로 낱말 만들기

06

 주어진 글자를 연결하여 **05** 회에 공부한 낱말을 만들어 보세요.

	동	장
	우	리

자	보	우	따	터
봉	동	장	협	리

★ 도전 시간	2분
★ 만들 낱말 수	4개
★ 만든 낱말 수	개

그림으로 낱말 찾기

지시선이 가리키는 그림을 보고 사물의 이름이나 행동, 상태 등에 해당하는 낱말을 **보기**에서 찾아 ☐ 안에 쓰세요.

❶ 이름씨

❷ 이름씨

❸ 이름씨

❹ 이름씨

❺ 이름씨

❻ 이름씨

보기 ・선분 ・사각형 ・직선 ・삼각형 ・꼭짓점 ・원 ・쌓다 ・변

낱말 뜻 알기

☐ 안에는 어떤 낱말의 첫 글자가 쓰여 있습니다. 이 첫 글자를 참고하여 ☐에 알맞은 말을 넣어 낱말 풀이를 완성해 보세요.

❶ **직선** : 두 점 [사]☐ 를 가장 짧게 [연]☐ 한 선. 또는 [양]☐ 으로 곧게 뻗은 선.

❷ **선분** : [직]☐ 위에서 그 위의 두 점에 한정된 부분.

❸ **삼각형** : 세 개의 [선]☐ 으로 둘러싸인 [평]☐ 도형.

❹ **꼭짓점** : 각을 [이]☐ 고 있는 두 변이 만나는 점.

❺ **변** : 다각형을 이루는 각 [선]☐ .

낱말 친구 사총사

다음 밑줄 친 낱말의 뜻이 다른 셋과 같지 <u>않은</u> 것은 어느 것인지 번호를 고르세요.

❶
담을 **쌓기** 위해 벽돌을 날랐어.

❷
지난 홍수에 무너진 둑을 **쌓았어.**

❸
친구와 함께 블록 **쌓기** 놀이를 했어.

❹
매일매일 열심히 공부해서 실력을 **쌓았어.**

연상되는 낱말 찾기

다음은 세 낱말을 보고 공통으로 연상되는 낱말을 찾는 문제입니다. 세 낱말과 관련 있는 낱말을 써 보세요.

세모	옷걸이	삼각자	➡	
둥글다	모양	공	➡	
네모	도형	공책	➡	

짧은 글짓기

주어진 낱말을 이용하여 **보기** 와 같은 형식으로 짧은 글을 지어 보세요.

보기	누가 + 무엇을 + 어떻게 했다

꼭짓점	
선분	
직선	

낱말 쌈 싸 먹기

알쏭달쏭 헷갈리는 맞춤법, 띄어쓰기, 관용어, 한자어가 이제 한입에 쏙!
하루에 한 쪽씩 맛있게 냠냠 해치우자!

맞춤법　다음 문장에서 맞춤법이 <u>틀린</u> 낱말을 찾아 바르게 고쳐 써 보세요.

나는 빠른 거름으로 학교에 갔다.　　(　　　　) → (　　　　)

띄어쓰기　주어진 두 문장 중 하나에는 띄어쓰기가 틀린 부분이 있습니다. 둘 중 바르게 띄어쓰기를 한 문장을 찾아서 ○표 하세요.

가 그 일은 **너밖에** 할 사람이 없어.　　　　**나** 그 일은 **너 밖에** 할 사람이 없어.

도움말　다른 낱말을 도와주는 낱말은 앞말에 붙여 씁니다.

관용어　□ 안에 낱말을 넣어서 그림 속 상황과 어울리는 속담이나 격언 등을 만들어 보세요.

누가 내 얘기 하나?

□가 가렵다

한자어　글의 의미에 맞게 □ 안에 들어갈 알맞은 사자성어를 **보기** 에서 찾아 써 보세요.

선생님께서는 제자가 자신보다 실력이 뛰어난 것을 보고, □□□□(이)라면서 기뻐하셨다.

보기　· 청출어람(靑出於藍)　· 어부지리(漁夫之利)　· 결초보은(結草報恩)

가로·세로 낱말 만들기

07

 주어진 글자를 연결하여 **06** 회에 공부한 낱말을 만들어 보세요.

				직		분	점
				각			

짓	형	쌓	각	선
삼	직	점	분	꼭

★ 도전 시간	**2분**
★ 만들 낱말 수	**4개**
★ 만든 낱말 수	개

낱말은 쏙쏙! 생각은 쑥쑥!

 **그림으로 낱말 찾기**

지시선이 가리키는 그림을 보고 사물의 이름이나 행동, 상태 등에 해당하는 낱말을 보기 에서 찾아 ☐ 안에 쓰세요.

❶ 이름씨

❷ 이름씨

❸ 이름씨

❹ 움직씨

❺ 이름씨

보기 · 마중 · 장단 · 물통 · 분무기 · 세제 · 문지르다 · 팔레트 · 물레방아

 **낱말 뜻 알기**

☐ 안에는 어떤 낱말의 첫 글자가 쓰여 있습니다. 이 첫 글자를 참고하여 ☐에 알맞은 말을 넣어 낱말 풀이를 완성해 보세요.

❶ **마중** : 오는 [사][　]을 나가서 [맞][　]함.

❷ **장단** : 춤, 노래 따위의 [빠][　][　]나 가락을 주도하는 [박][　].

❸ **물레방아** : 떨어지는 물의 힘으로 [바][　]를 돌려 [곡][　]을 찧거나 빻는 기구.

❹ **세제** : 물에 풀어서 [고][　]의 [표][　]에 붙은 이물질을 씻어 내는 데 쓰는 물질.

❺ **팔레트** : 수채화나 유화를 그릴 때에, [그][　][　][　]을 짜내어 섞기 위한 판.

낱말 친구 사총사

다음 보기의 글에서 밑줄 친 말이 뜻하는 것을 올바르게 말하고 있는 친구는 누구인지 고르세요.

보기   소녀시대가 최고라는 짝꿍의 말에 **장단을 맞추었다.**

❶
박자에 맞추어 춤을 췄다는 뜻이야.

❷
박자에 맞추어 장구나 북을 쳤다는 뜻이야.

❸
좋은 점과 나쁜 점을 생각했다는 뜻이야.

❹
남의 기분을 맞추기 위해 말이나 행동을 했다는 뜻이야.

연상되는 낱말 찾기

다음은 세 낱말을 보고 공통으로 연상되는 낱말을 찾는 문제입니다. 세 낱말과 관련 있는 낱말을 써 보세요.

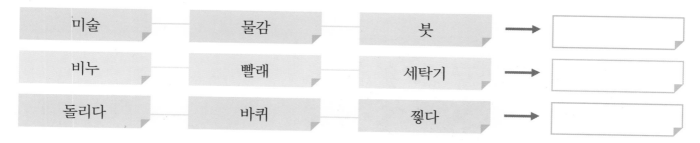

미술	물감	붓	→	
비누	빨래	세탁기	→	
돌리다	바퀴	찧다	→	

짧은 글짓기

주어진 낱말을 이용하여 보기와 같은 형식으로 짧은 글을 지어 보세요.

보기   누가 + 왜 + 무엇을 + 어떻게 했다

마중	
문지르다	
물통	

낱말 쌈 싸 먹기

알쏭달쏭 헛갈리는 맞춤법, 띄어쓰기, 관용어, 한자어가 이제 한입에 쏙! **하루에 한 쪽씩 맛있게 냠냠 해치우자!**

맞춤법 다음 문장에서 ( ) 안의 낱말 중 맞춤법이 맞는 낱말에 ○표 하세요.

아빠와 함께 백설 공주와 일곱 (난장이, 난쟁이) 연극을 보았다.

띄어쓰기 주어진 두 문장 중 하나에는 띄어쓰기가 틀린 부분이 있습니다. 둘 중 바르게 띄어쓰기를 한 문장을 찾아서 ○표 하세요.

㉮ 동생 **돌잔치** 때 손님이 많이 왔습니다.

㉯ 동생 **돌 잔치** 때 손님이 많이 왔습니다.

도움말 '첫돌이 되는 날에 베푸는 잔치'를 뜻하는 한 낱말입니다.

관용어 □ 안에 낱말을 넣어서 그림 속 상황과 어울리는 속담이나 격언 등을 만들어 보세요.

누가 부자지간 아니랄까 봐 어쩜 저렇게 닮았을까?

그 □ □ □ 에
그 □ □

한자어 글의 의미에 맞게 □ 안에 들어갈 알맞은 한자어를 보기 에서 찾아 써 보세요.

세종 □ □ 은 누구보다 □ □ 을 아끼고 사랑하는 임금이었다.

보기 ・大王   ・大人   ・百萬   ・百姓

가로·세로 낱말 만들기

 주어진 글자를 연결하여 **07** 회에 공부한 낱말을 만들어 보세요.

아 기

레	무	방	퉁	팔
기	물	트	분	아

★ 도전 시간	**2분**
★ 만들 낱말 수	**3개**
★ 만든 낱말 수	**개**

낱말은 쏙쏙! 생각은 쑥쑥!

 **그림으로 낱말 찾기**

지시선이 가리키는 그림을 보고 사물의 이름이나 행동, 상태 등에 해당하는 낱말을 보기 에서 찾아 ☐ 안에 쓰세요.

❸ 이름씨

❹ 이름씨

❺ 움직씨

❶ 이름씨

❷ 이름씨

보기   • 울상   • 나루터   • 조마조마하다   • 우애   • 그물   • 알은체   • 쓸다   • 저고리

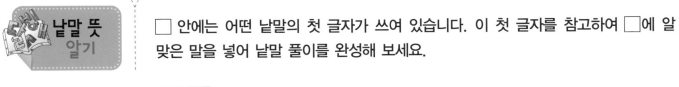 **낱말 뜻 알기**

☐ 안에는 어떤 낱말의 첫 글자가 쓰여 있습니다. 이 첫 글자를 참고하여 ☐에 알맞은 말을 넣어 낱말 풀이를 완성해 보세요.

❶ **울상** : 울려고 하는 [얼][ ] 표정.

❷ **우애** : 형제간 또는 [친][ ] 간의 [사][ ]이나 정.

❸ **알은체** : 사람을 보고 [인][ ]하는 [표][ ]을 지음.

❹ **그물** : 날짐승이나 [물][ ][ ] 따위를 잡기 위해 [노][ ]이나 실로 얽은 물건.

❺ **조마조마하다** : 다가올 일에 대한 [걱][ ] 때문에 마음이 초조하고 [불][ ]하다.

낱말 친구 사총사

다음 밑줄 친 낱말의 뜻이 다른 셋과 같지 <u>않은</u> 것은 어느 것인지 번호를 고르세요.

❶ 엄마가 손으로 아픈 배를 **쓸어** 주셨어.

❷ 코끼리가 긴 코로 코뿔소의 등을 부드럽게 **쓸었어.**

❸ 영훈이는 아침 일찍 일어나 빗자루로 마당을 **쓸었어.**

❹ 아빠가 공부를 하고 있는 수정이의 머리를 가볍게 **쓸어** 주셨어.

연상되는 낱말 찾기

다음은 세 낱말을 보고 공통으로 연상되는 낱말을 찾는 문제입니다. 세 낱말과 관련 있는 낱말을 써 보세요.

한복	치마	색동	→	
나룻배	강	뱃사공	→	
물고기	잡다	걸리다	→	

짧은 글짓기

주어진 낱말을 이용하여 **보기** 와 같은 형식으로 짧은 글을 지어 보세요.

보기　　누가 + 어디서 + 무엇을 + 어떻게 했다

울상	
우애	
알은체	

낱말 쌈 싸 먹기

알쏭달쏭 헷갈리는 맞춤법, 띄어쓰기, 관용어, 한자어가 이제 한입에 쏙!
하루에 한 쪽씩 맛있게 냠냠 해치우자!

맞춤법 다음 문장에서 맞춤법이 <u>틀린</u> 낱말을 찾아 바르게 고쳐 써 보세요.

오늘은 나드리하기에 좋은 날씨이다.   (   ) → (   )

띄어쓰기 주어진 두 문장 중 하나에는 띄어쓰기가 틀린 부분이 있습니다. 둘 중 바르게 띄어쓰기를 한 문장을 찾아서 ○표 하세요.

㉮ **무슨 일**이 일어났는지 기억하고 있니?   ㉯ **무슨일**이 일어났는지 기억하고 있니?

도움말 꾸며 주는 낱말은 뒷말과 띄어 씁니다.

관용어 □ 안에 낱말을 넣어서 그림 속 상황과 어울리는 속담이나 격언 등을 만들어 보세요.

내가 더 커!

쯧쯧

아니야, 내가 더 커!

□□□ 키 재기

한자어 글의 의미에 맞게 □ 안에 들어갈 알맞은 사자성어를 보기 에서 찾아 써 보세요.

그렇게 □□□□ 으로 보지 말고, 차근차근 자세하게 살펴보도록 해라.

보기   • 우이독경(牛耳讀經)   • 마이동풍(馬耳東風)   • 주마간산(走馬看山)

가로·세로 낱말 만들기

09

 주어진 글자를 연결하여 **08** 회에 공부한 낱말을 만들어 보세요.

			나	체			
		리	터				

저	은	터	애	루
나	리	체	고	알

★ 도전 시간 | **2분**

★ 만들 낱말 수 | **3개**

★ 만든 낱말 수 | 개

낱말은 쏙쏙! 생각은 쑥쑥!

낱말 영역 |

걸린 시간 |　　분　　초

그림으로 낱말 찾기

지시선이 가리키는 그림을 보고 사물의 이름이나 행동, 상태 등에 해당하는 낱말을 **보기** 에서 찾아 □ 안에 쓰세요.

❶ 그림씨

❷ 움직씨

❸ 이름씨

울랄라 초등학교

❹ 움직씨

❺ 이름씨

보기 ・단정하다 ・옷차림 ・어울리다 ・실내화 ・뒤축 ・갈다 ・풀다 ・신다 ・빨다

낱말 뜻 알기

□ 안에는 어떤 낱말의 첫 글자가 쓰여 있습니다. 이 첫 글자를 참고하여 □에 알맞은 말을 넣어 낱말 풀이를 완성해 보세요.

❶ **실내화** : 건□ 안에서만 신는 신.

❷ **뒤축** : 신이나 버□ 따위의 발 뒤가 닿는 부분.

❸ **빨다** : 옷 따위의 물건을 물에 넣고 주□□서 때를 없애다.

❹ **갈다** : 이미 있는 사□을 다른 것으로 바□□.

❺ **옷차림** : 옷을 차□ 입은 모□.

낱말 친구 사총사

다음 밑줄 친 낱말의 뜻이 다른 셋과 같지 <u>않은</u> 것은 어느 것인지 번호를 고르세요.

①
헝클어진 실타래를 겨우 **풀었어.**

②
수학 문제가 너무 어려워서 **풀** 수가 없었어.

③
신발 끈을 **풀고** 돌아다니면 밟혀서 넘어지기 쉬워.

④
밥을 먹고 배가 불러서 허리띠를 느슨하게 **풀었어.**

연상되는 낱말 찾기

다음은 세 낱말을 보고 공통으로 연상되는 낱말을 찾는 문제입니다. 세 낱말과 관련 있는 낱말을 써 보세요.

구두	뒤쪽	발	→	
몸가짐	머리	바르다	→	
빨래	옷	기저귀	→	

짧은 글짓기

주어진 낱말을 이용하여 보기 와 같은 형식으로 짧은 글을 지어 보세요.

> **보기**   누가 + 언제 + 무엇을 + 어떻게 했다

옷차림	
어울리다	
갈다	

낱말 쌈 싸 먹기

알쏭달쏭 헷갈리는 맞춤법, 띄어쓰기, 관용어, 한자어가 이제 한입에 쏙!
하루에 한 쪽씩 맛있게 냠냠 해치우자!

맞춤법 다음 문장에서 ( ) 안의 낱말 중 맞춤법이 맞는 낱말에 ○표 하세요.

간식으로 삶은 (달걀, 닭알)을 먹었다.

띄어쓰기 주어진 두 문장 중 하나에는 띄어쓰기가 틀린 부분이 있습니다. 둘 중 바르게 띄어쓰기를 한 문장을 찾아서 ○표 하세요.

㉮ 드디어 땅에서 샘물이 **솟아났습니다.**

㉯ 드디어 땅에서 샘물이 **솟아 났습니다.**

도움말 '안에서 밖으로 나오다.' 라는 뜻을 가진 한 낱말입니다.

관용어 □ 안에 낱말을 넣어서 그림 속 상황과 어울리는 속담이나 격언 등을 만들어 보세요.

절대로 잊지 않을게.

우리의 추억을 잊지 마.

□□에 새기다

한자어 글의 의미에 맞게 □ 안에 들어갈 알맞은 한자어를 보기 에서 찾아 써 보세요.

어제가 □□(이어)여서, 우리 가족은 오랜만에 다 같이 □□로 나들이를 갔다.

보기 ·來日 ·休日 ·市外 ·場外

가로·세로 낱말 만들기

10

 주어진 글자를 연결하여 **09** 회에 공부한 낱말을 만들어 보세요.

		실					
	축			정			
				차			

림	내	단	차	화
축	옷	실	뒤	정

★ 도전 시간 | **2분**

★ 만들 낱말 수 | **4개**

★ 만든 낱말 수 | **개**

낱말은 쏙쏙! 생각은 쑥쑥!

낱말 영역 |

걸린 시간 | 　　　분　　　초

 **그림으로 낱말 찾기**

지시선이 가리키는 그림을 보고 사물의 이름이나 행동, 상태 등에 해당하는 낱말을 보기 에서 찾아 ☐ 안에 쓰세요.

① 이름씨

② 이름씨

③ 이름씨

④ 이름씨

⑤ 이름씨

보기 　• 망치　　• 기울이다　　• 소리　　• 느낌　　• 손뼉　　• 확성기　　• 자명종　　• 호루라기

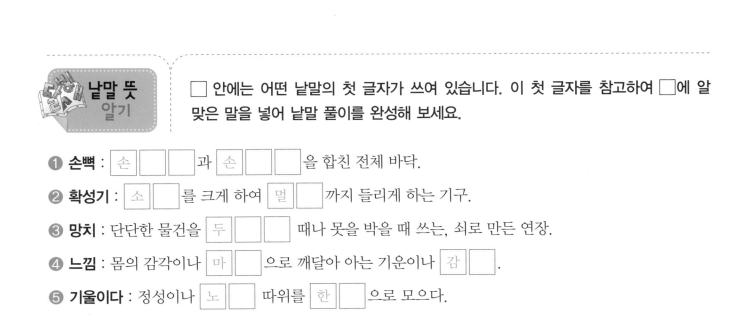 **낱말 뜻 알기**

☐ 안에는 어떤 낱말의 첫 글자가 쓰여 있습니다. 이 첫 글자를 참고하여 ☐에 알맞은 말을 넣어 낱말 풀이를 완성해 보세요.

① **손뼉** : 손☐☐과 손☐☐을 합친 전체 바닥.

② **확성기** : 소☐를 크게 하여 멀☐까지 들리게 하는 기구.

③ **망치** : 단단한 물건을 두☐☐ 때나 못을 박을 때 쓰는, 쇠로 만든 연장.

④ **느낌** : 몸의 감각이나 마☐으로 깨달아 아는 기운이나 감☐.

⑤ **기울이다** : 정성이나 노☐ 따위를 한☐으로 모으다.

 **낱말 친구 사총사**

다음 보기의 글에서 밑줄 친 말이 뜻하는 것을 올바르게 말하고 있는 친구는 누구인지 고르세요.

> **보기** 네가 우리 반 회장이 된다면 모두가 **손뼉 치며** 환영할 거야.

❶  손뼉을 칠 만큼 우습다는 뜻이야.

❷ 어떤 일에 찬성하거나 좋아한다는 뜻이야.

❸  어떤 일에 반대하거나 싫어한다는 뜻이야.

❹  손뼉을 부딪쳐서 겁을 준다는 뜻이야.

 **연상되는 낱말 찾기**

다음은 세 낱말을 보고 공통으로 연상되는 낱말을 찾는 문제입니다. 세 낱말과 관련 있는 낱말을 써 보세요.

불다	체육	경찰관	⟶	
못	두드리다	박다	⟶	
시계	울리다	아침	⟶	

 **짧은 글짓기**

주어진 낱말을 이용하여 보기와 같은 형식으로 짧은 글을 지어 보세요.

> **보기** 누가 + 언제 + 무엇을 + 어떻게 했다

확성기	
느낌	
소리	

낱말 쌈 싸 먹기

알쏭달쏭 헷갈리는 맞춤법, 띄어쓰기, 관용어, 한자어가 이제 한입에 쏙!
하루에 한 쪽씩 맛있게 냠냠 해치우자!

맞춤법 다음 문장에서 맞춤법이 <u>틀린</u> 낱말을 찾아 바르게 고쳐 써 보세요.

정해진 약속 날자와 시간을 알려 주었다. (   ) → (   )

띄어쓰기 주어진 두 문장 중 하나에는 띄어쓰기가 틀린 부분이 있습니다. 둘 중 바르게 띄어쓰기를 한 문장을 찾아서 ○표 하세요.

㉮ **요리조리** 피해 다니다가 잡혔습니다.   ㉯ **요리 조리** 피해 다니다가 잡혔습니다.

도움말 '일정한 방향이 없이 요쪽 조쪽으로' 라는 뜻을 가진 한 낱말입니다.

관용어 □ 안에 낱말을 넣어서 그림 속 상황과 어울리는 속담이나 격언 등을 만들어 보세요.

재미없어, 빨리 밥 먹었으면……

나도!

금강산도 □□□

한자어 글의 의미에 맞게 □ 안에 들어갈 알맞은 사자성어를 **보기** 에서 찾아 써 보세요.

교육이야말로 국가의 □□□□(으)로, 신중하게 계획을 세워야 한다.

보기 · 일편단심(一片丹心) · 일취월장(日就月將) · 백년대계(百年大計)

가로·세로 낱말 만들기

주어진 글자를 연결하여 ⑩ 회에 공부한 낱말을 만들어 보세요.

		망	루				
			기	자			

라	자	종	망	호
확	명	루	기	치

★ 도전 시간 | **2분**

★ 만들 낱말 수 | **3개**

★ 만든 낱말 수 | **개**

낱말은 쏙쏙! 생각은 쑥쑥!

그림으로 낱말 찾기

지시선이 가리키는 그림을 보고 사물의 이름이나 행동, 상태 등에 해당하는 낱말을 **보기** 에서 찾아 □ 안에 쓰세요.

❶ 이름씨

❷ 이름씨

❸ 이름씨

❹ 이름씨

❺ 이름씨

보기　• 열쇠　• 탈　• 시합　• 발자국　• 출발　• 배턴　• 어깨동무　• 제기

낱말 뜻 알기

□ 안에는 어떤 낱말의 첫 글자가 쓰여 있습니다. 이 첫 글자를 참고하여 □에 알맞은 말을 넣어 낱말 풀이를 완성해 보세요.

❶ **시합** : 운□□이나 그 밖의 경기 따위에서 서로 재주를 부려 승□를 겨루는 일.

❷ **발자국** : □로 밟은 자리에 남은 모□.

❸ **배턴** : 릴레이 경기에서, 앞 주□가 다음 주□에게 넘겨주는 막□□.

❹ **어깨동무** : 상대편의 어□에 서로 □을 얹어 끼고 나란히 섬. 또는 그렇게 하고 노는 놀이.

❺ **열쇠** : 자□□를 잠그거나 여는 데 사□하는 물건.

 **낱말 친구 사총사**

다음 보기 의 글에서 밑줄 친 말이 뜻하는 것을 올바르게 말하고 있는 친구는 누구인지 고르세요.

보기 평소에 장난이 심한 민찬이는 선생님이 나타나면 양의 **탈을 쓴다.**

❶ 탈을 만든다는 뜻이야.

❷ 탈이 잘 어울린다는 뜻이야.

❸ 탈을 뒤집어쓰고 탈춤을 춘다는 뜻이야.

❹ 본색이 드러나지 않게 가장한다는 뜻이야.

 **연상되는 낱말 찾기**

다음은 세 낱말을 보고 공통으로 연상되는 낱말을 찾는 문제입니다. 세 낱말과 관련 있는 낱말을 써 보세요.

대문	자물쇠	열다	→	
축구	달리기	겨루다	→	
민속놀이	차다	발	→	

 **짧은 글짓기**

주어진 낱말을 이용하여 보기 와 같은 형식으로 짧은 글을 지어 보세요.

보기 누가 + 어디서 + 무엇을 + 어떻게 했다

어깨동무	
배턴	
출발	

낱말 쌈 싸 먹기

알쏭달쏭 헷갈리는 맞춤법, 띄어쓰기, 관용어,
한자어가 이제 한입에 쏙!
하루에 한 쪽씩 맛있게 냠냠 해치우자!

맞춤법 다음 문장에서 ( ) 안의 낱말 중 맞춤법이 맞는 낱말에 ◯표 하세요.

하늘이 번쩍하더니 (우레, 우뢰) 소리가 크게 났다.

띄어쓰기 주어진 두 문장 중 하나에는 띄어쓰기가 틀린 부분이 있습니다. 둘 중 바르게 띄어쓰기를 한
문장을 찾아서 ◯표 하세요.

㉮ 자동차가 **한 대**도 없어서 이상했습니다.　　　㉯ 자동차가 **한대**도 없어서 이상했습니다.

도움말 '대'는 수량을 세는 단위입니다.

관용어 ☐ 안에 낱말을 넣어서 그림 속 상황과 어울리는 속담이나 격언 등을 만들어 보세요.

☐☐☐도 두들겨
보고 건너라

한자어 글의 의미에 맞게 ☐ 안에 들어갈 알맞은 한자어를 **보기**에서 찾아 써 보세요.

내 꿈은 이다음에 ☐☐한 ☐☐(이)가 되는 것이다.

보기 ・有名　　・人名　　・歌手　　・手足

가로·세로 낱말 만들기

⭐ 주어진 글자를 연결하여 11 회에 공부한 낱말을 만들어 보세요.

국	어			무			
				쇠			

깨	턴	자	어	국
쇠	발	무	열	동

★ 도전 시간	2분
★ 만들 낱말 수	3개
★ 만든 낱말 수	개

낱말은 쏙쏙! 생각은 쑥쑥!

그림으로 낱말 찾기

지시선이 가리키는 그림을 보고 사물의 이름이나 행동, 상태 등에 해당하는 낱말을 **보기** 에서 찾아 ☐ 안에 쓰세요.

❶ 움직씨

❷ 이름씨

❸ 이름씨

❹ 움직씨

❺ 이름씨

| 보기 | •응원 | •돋보기 | •환호성 | •두런거리다 | •재주 | •다투다 | •장하다 | •불안 |

낱말 뜻 알기

☐ 안에는 어떤 낱말의 첫 글자가 쓰여 있습니다. 이 첫 글자를 참고하여 ☐에 알맞은 말을 넣어 낱말 풀이를 완성해 보세요.

❶ **응원** : 운동 경기 등에서 선☐☐들이 힘을 낼 수 있도록 도와주는 일.

❷ **돋보기** : 물체를 크게 보이게 하는 렌☐. 빛을 한☐으로 모으는 특성이 있음.

❸ **다투다** : 의☐이나 이해의 대립으로 서로 따지며 싸☐☐.

❹ **환호성** : 기뻐서 크게 부르짖는 소☐.

❺ **장하다** : 하는 일이 매우 훌☐하여 칭☐할 만하다.

낱말 친구 사총사

다음 밑줄 친 낱말의 뜻이 다른 셋과 같지 <u>않은</u> 것은 어느 것인지 번호를 고르세요.

①  형은 장난감을 놓고 동생과 자주 **다투었어**.

②  아이들은 와 소리를 지르며 앞을 **다투어** 몰려갔어.

③  선생님의 질문에 아이들은 앞을 **다투어** 손을 들었어.

④  아이들이 서로 망원경을 들여다보려고 **다투었어**.

연상되는 낱말 찾기

다음은 세 낱말을 보고 공통으로 연상되는 낱말을 찾는 문제입니다. 세 낱말과 관련 있는 낱말을 써 보세요.

박수	노래	운동회	→	
손	뛰어나다	능력	→	
노인	안경	관찰하다	→	

짧은 글짓기

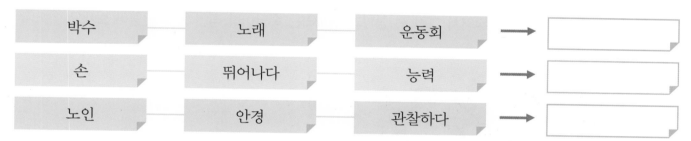

주어진 낱말을 이용하여 **보기**와 같은 형식으로 짧은 글을 지어 보세요.

| 보기 | 누가 + 왜 + 무엇을 + 어떻게 했다 |

불안	
환호성	
두런거리다	

낱말 쌈 싸 먹기

알쏭달쏭 헷갈리는 맞춤법, 띄어쓰기, 관용어, 한자어가 이제 한입에 쏙!
하루에 한 쪽씩 맛있게 냠냠 해치우자!

맞춤법 다음 문장에서 맞춤법이 틀린 낱말을 찾아 바르게 고쳐 써 보세요.

달리기를 하다 넘어져서 무릅이 까졌다. (   ) → (   )

띄어쓰기 주어진 두 문장 중 하나에는 띄어쓰기가 틀린 부분이 있습니다. 둘 중 바르게 띄어쓰기를 한 문장을 찾아서 ○표 하세요.

㉮ 갑자기 **몸무게**가 줄어서 걱정이에요.   ㉯ 갑자기 **몸 무게**가 줄어서 걱정이에요.

도움말 '몸의 무게'를 뜻하는 한 낱말입니다.

관용어 □ 안에 낱말을 넣어서 그림 속 상황과 어울리는 속담이나 격언 등을 만들어 보세요.

형, 누나! 그만 싸워!

□□ 싸움에
□□ 등 터진다

한자어 글의 의미에 맞게 □ 안에 들어갈 알맞은 사자성어를 **보기**에서 찾아 써 보세요.

성욱이는 칭찬도 받고 친구도 도울 수 있게 되자, □□□□(이)라면서 기뻐했다.

보기 • 일거양득(一擧兩得)   • 막상막하(莫上莫下)   • 자업자득(自業自得)

가로·세로 낱말 만들기

13

 주어진 글자를 연결하여 **12** 회에 공부한 낱말을 만들어 보세요.

				환	불		
		주	기				

호	안	기	성	보
돈	재	불	환	주

★ 도전 시간	**2분**
★ 만들 낱말 수	**4개**
★ 만든 낱말 수	개

낱말은 쏙쏙! 생각은 쑥쑥!

낱말 영역 |

걸린 시간 | 　분　　초

지시선이 가리키는 그림을 보고 사물의 이름이나 행동, 상태 등에 해당하는 낱말을 보기 에서 찾아 ☐ 안에 쓰세요.

❶ 이름씨

❷ 이름씨

❸ 이름씨

❹ 움직씨

❺ 그림씨

보기　• 피해　　• 다정하다　　• 주고받다　　• 고생　　• 편찮다　　• 이사　　• 대중교통　　• 방문

낱말 뜻 알기

☐ 안에는 어떤 낱말의 첫 글자가 쓰여 있습니다. 이 첫 글자를 참고하여 ☐에 알맞은 말을 넣어 낱말 풀이를 완성해 보세요.

❶ **방문** : 여러 사람이나 ☐장☐ 를 찾아가서 ☐만☐ 거나 봄.

❷ **대중교통** : 여러 ☐사☐ 이 이용하는 교통. 버스, 지하철 따위의 ☐교☐ 을 이름.

❸ **이사** : 사는 곳을 다른 데로 ☐옮☐ .

❹ **다정하다** : 정이 많다. 또는 정분이 ☐두☐☐ .

❺ **고생** : ☐어☐ 고 고된 일을 겪음. 또는 그런 일이나 ☐생☐ .

낱말 친구 사총사

다음 보기 의 글에서 밑줄 친 말이 뜻하는 것을 올바르게 말하고 있는 친구는 누구인지 고르세요.

> 보기 **고생 끝에 낙이 온다니** 한 삼 년만 참고 지내자.

❶
어렵고 고된 일은 보람이 있다는 뜻이야.

❷
어려운 일이나 고된 일은 끝이 없다는 뜻이야.

❸
마지막에 어려운 일이나 고된 일을 겪는다는 뜻이야.

❹
어려운 일이나 고된 일을 겪은 뒤에는 반드시 즐겁고 좋은 일이 생긴다는 뜻이야.

연상되는 낱말 찾기

다음은 세 낱말을 보고 공통으로 연상되는 낱말을 찾는 문제입니다. 세 낱말과 관련 있는 낱말을 써 보세요.

병	아프다	입원	→	
버스	지하철	택시	→	
편지	선물	인사	→	

짧은 글짓기

주어진 낱말을 이용하여 보기 와 같은 형식으로 짧은 글을 지어 보세요.

> 보기 누가 + 언제 + 무엇을 + 어떻게 했다

피해	
방문	
이사	

낱말 쌈 싸 먹기

알쏭달쏭 헛갈리는 맞춤법, 띄어쓰기, 관용어,
한자어가 이제 한입에 쏙!
하루에 한 쪽씩 맛있게 냠냠 해치우자!

맞춤법 다음 문장에서 ( ) 안의 낱말 중 맞춤법이 맞는 낱말에 ○표 하세요.

시험에 꼭 합격하기를 (바랜다, 바란다).

띄어쓰기 주어진 두 문장 중 하나에는 띄어쓰기가 틀린 부분이 있습니다. 둘 중 바르게 띄어쓰기를 한 문장을 찾아서 ○표 하세요.

㉮ 차례를 지내려고 **햇 과일**을 샀습니다.

㉯ 차례를 지내려고 **햇과일**을 샀습니다.

도움말 '그해에 난 과일'이라는 뜻을 가진 한 낱말입니다.

관용어 □ 안에 낱말을 넣어서 그림 속 상황과 어울리는 속담이나 격언 등을 만들어 보세요.

누가 깼냐니까
왜 말들이 없어?

입에 □□□를
채우다

한자어 글의 의미에 맞게 □ 안에 들어갈 알맞은 한자어를 **보기** 에서 찾아 써 보세요.

□□의 국기는 일장기이고, □□의 국기는 성조기이다.

보기 · 日本　　· 中國　　· 韓國　　· 美國

가로·세로 낱말 만들기

14

 주어진 글자를 연결하여 **13** 회에 공부한 낱말을 만들어 보세요.

		대	피				
				고	문		

통	문	대	생	피
해	중	고	방	교

★ 도전 시간	**2분**
★ 만들 낱말 수	**4개**
★ 만든 낱말 수	개

낱말은 쏙쏙! 생각은 쑥쑥!

낱말 영역 |

걸린 시간 | 분 초

그림으로 낱말 찾기

지시선이 가리키는 그림을 보고 사물의 이름이나 행동, 상태 등에 해당하는 낱말을 보기 에서 찾아 □ 안에 쓰세요.

❶ 이름씨

❷ 움직씨

❸ 이름씨

❹ 이름씨

❺ 이름씨

보기 •왈츠 •나무관북 •윷가락 •장식 •장신구 •부딪치다 •민속춤 •악수

낱말 뜻 알기

□ 안에는 어떤 낱말의 첫 글자가 쓰여 있습니다. 이 첫 글자를 참고하여 □에 알맞은 말을 넣어 낱말 풀이를 완성해 보세요.

❶ **왈츠** : 3 박 □ 의 경쾌한 춤곡. 또는 그에 맞추어 남 □ 가 한 쌍이 되어 원을 그리며 추는 춤.

❷ **장식** : 옷이나 액 □□□ 따위로 치 □ 함. 또는 그 꾸밈새.

❸ **나무관북** : 나무 채를 가볍게 쥐고 나무통 부분을 쳐서 소 □ 를 내는 악기.

❹ **민속춤** : 나 □ 마다 있는 독특한 춤으로, 그 나라의 풍습, 생 □ 등을 아는 데 도움이 됨.

❺ **악수** : 인 □ , 감사, 친애, 화해 따위의 뜻을 나타내기 위하여 두 사람이 각자 한 손을 마주 내어 잡는 일. 보통 오 □ 손을 내밀어 잡음.

낱말 친구 사총사

다음 밑줄 친 낱말 중 다른 셋을 포함하는 <u>큰 말</u>에 해당하는 낱말을 고르세요.

❶
이모의 **귀고리**가 달랑달랑 흔들렸어.

❷
조개껍데기로 예쁜 **목걸이**를 만들었어.

❸
엄마는 **장신구**를 보석함에 넣어 두셨어.

❹
신랑과 신부가 결혼**반지**를 서로 끼워 주었어.

연상되는 낱말 찾기

다음은 세 낱말을 보고 공통으로 연상되는 낱말을 찾는 문제입니다. 세 낱말과 관련 있는 낱말을 써 보세요.

부채춤	탈춤	장구춤	→	
인사	화해	손	→	
설날	던지다	윷판	→	

짧은 글짓기

주어진 낱말을 이용하여 **보기** 와 같은 형식으로 짧은 글을 지어 보세요.

보기　누가 + 어디서 + 무엇을 + 어떻게 했다

부딪치다	
장식	
왈츠	

낱말 쌈 싸 먹기

알쏭달쏭 헛갈리는 맞춤법, 띄어쓰기, 관용어, 한자어가 이제 한입에 쏙!
하루에 한 쪽씩 맛있게 냠냠 해치우자!

맞춤법   다음 문장에서 맞춤법이 <u>틀린</u> 낱말을 찾아 바르게 고쳐 써 보세요.

눈이 쌓인 마당에 강아지 발자욱이 나 있었다.   (   ) → (   )

띄어쓰기   주어진 두 문장 중 하나에는 띄어쓰기가 틀린 부분이 있습니다. 둘 중 바르게 띄어쓰기를 한 문장을 찾아서 ○표 하세요.

㉮ 우리는 언덕 아래로 **달려갔습니다.**   ㉯ 우리는 언덕 아래로 **달려 갔습니다.**

도움말   '달음질하여 빨리 가다.' 라는 뜻을 가진 한 낱말입니다.

관용어   □ 안에 낱말을 넣어서 그림 속 상황과 어울리는 속담이나 격언 등을 만들어 보세요.

네가 내 성격 안 좋다고 흉보고 다닌다며?

헉, 어떻게 알았지?

발 없는 □ 이
□ □ 간다

한자어   글의 의미에 맞게 □ 안에 들어갈 알맞은 사자성어를 **보기** 에서 찾아 써 보세요.

□□□□ (이)라더니, 성격이 비슷한 아이들끼리 친하게 지내는구나.

보기   • 지피지기(知彼知己)   • 일석이조(一石二鳥)   • 유유상종(類類相從)

가로·세로 낱말 만들기

15

 주어진 글자를 연결하여 **14** 회에 공부한 낱말을 만들어 보세요.

		신					
		속					

가	춤	신	팔	구
민	장	윷	속	락

★ 도전 시간 | **2분**

★ 만들 낱말 수 | **3개**

★ 만든 낱말 수 | **개**

낱말은 쏙쏙! 생각은 쑥쑥!

낱말 영역 |

걸린 시간 | 　　분 　　초

그림으로 낱말 찾기

지시선이 가리키는 그림을 보고 사물의 이름이나 행동, 상태 등에 해당하는 낱말을 **보기** 에서 찾아 ☐ 안에 쓰세요.

❶ 이름씨

❷ 이름씨

❸ 이름씨

❹ 움직씨

❺ 이름씨

보기 · 옹기그릇　 · 배불뚝이　 · 진흙　 · 체험　 · 대출　 · 빚다　 · 단장　 · 한지

낱말 뜻 알기

☐ 안에는 어떤 낱말의 첫 글자가 쓰여 있습니다. 이 첫 글자를 참고하여 ☐에 알맞은 말을 넣어 낱말 풀이를 완성해 보세요.

❶ 옹기그릇 : 진 ☐ 으로 빚어 구운 그 ☐ .

❷ 대출 : 도 ☐ 에서 책이나 자 ☐ 를 빌려 주는 것.

❸ 빚다 : 흙 따위의 재 ☐ 를 이겨서 어떤 형태를 만 ☐ ☐ .

❹ 단장 : 매만져서 보 ☐ 가 좋은 모 ☐ 으로 꾸밈.

❺ 한지 : 닥나무 껍 ☐ 등을 이용하여 만드는 종 ☐ .

 **낱말 친구 사총사**

다음 밑줄 친 낱말의 뜻이 다른 셋과 같지 <u>않은</u> 것은 어느 것인지 번호를 고르세요.

❶  흙으로 항아리를 **빚었어.**

❷ 이것은 진흙으로 **빚어** 구운 그릇이야.

❸  추석에 식구들이 둘러앉아 송편을 **빚었어.**

❹  옹기그릇은 흙으로 **빚어서** 바람이 잘 통해.

 **연상되는 낱말 찾기**

다음은 세 낱말을 보고 공통으로 연상되는 낱말을 찾는 문제입니다. 세 낱말과 관련 있는 낱말을 써 보세요.

도서관	책	빌리다	→	
종이	닥나무	부채	→	
진흙	만들다	그릇	→	

 **짧은 글짓기**

주어진 낱말을 이용하여 보기 와 같은 형식으로 짧은 글을 지어 보세요.

보기   누가 + 언제 + 무엇을 + 어떻게 했다

단장	
체험	
진흙	

낱말 쌈 싸 먹기

알쏭달쏭 헷갈리는 맞춤법, 띄어쓰기, 관용어, 한자어가 이제 한입에 쏙!
하루에 한 쪽씩 맛있게 냠냠 해치우자!

맞춤법 다음 문장에서 ( ) 안의 낱말 중 맞춤법이 맞는 낱말에 ○표 하세요.

잠잘 때 너무 높은 (배개, 베개)를 베면 목이 아프다.

띄어쓰기 주어진 두 문장 중 하나에는 띄어쓰기가 틀린 부분이 있습니다. 둘 중 바르게 띄어쓰기를 한 문장을 찾아서 ○표 하세요.

㉮ 내일 회의에 **빠짐 없이** 참석하세요.　　　㉯ 내일 회의에 **빠짐없이** 참석하세요.

도움말 '하나도 빠뜨리지 않고 모두 다 있게' 라는 뜻을 가진 한 낱말입니다.

관용어 □ 안에 낱말을 넣어서 그림 속 상황과 어울리는 속담이나 격언 등을 만들어 보세요.

넌 아홉 살 때까지 포크만 썼잖아.

푸하하, 일곱 살이나 돼서 젓가락질도 못하냐?

개구리 □□□ 적 생각 못한다

한자어 글의 의미에 맞게 □ 안에 들어갈 알맞은 한자어를 **보기** 에서 찾아 써 보세요.

다시 살아난 백설 □□ (은)는 멋진 □□ 님과 결혼해서 행복하게 살았습니다.

보기 ・主人　・公主　・王子　・孫子

가로·세로 낱말 만들기

16

 주어진 글자를 연결하여 15 회에 공부한 낱말을 만들어 보세요.

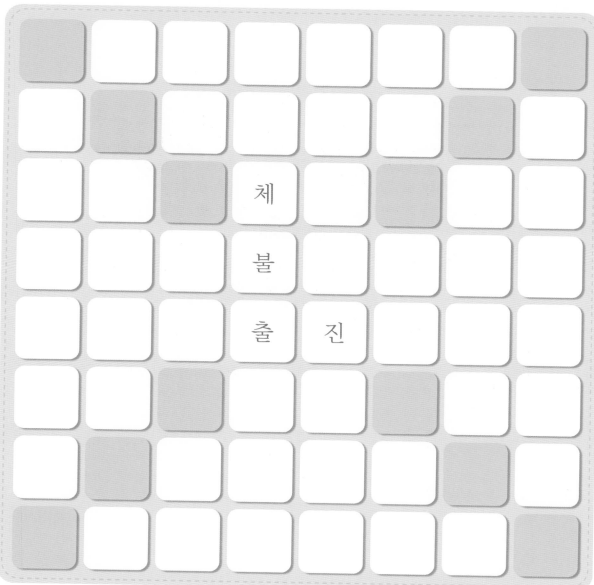

			체			
			불			
		출	진			

| 불 | 출 | 이 | 험 | 흙 |
| 진 | 체 | 배 | 대 | 뚝 |

★ 도전 시간 | **1분**

★ 만들 낱말 수 | **4개**

★ 만든 낱말 수 | **개**

 낱말은 쏙쏙! 생각은 쑥쑥!

낱말 영역 |

걸린 시간 | 　분　　초

그림으로
낱말 찾기

지시선이 가리키는 그림을 보고 사물의 이름이나 행동, 상태 등에 해당하는 낱말을 보기 에서 찾아 □ 안에 쓰세요.

❸ 이름씨

약 20센티미터
인 것 같아요.

❹ 이름씨

❶ 이름씨

❷ 움직씨

❺ 이름씨

보기 ・길이　・재다　・폭　・들여놓다　・단위길이　・어림　・자　・눈금

낱말 뜻
알기

□ 안에는 어떤 낱말의 첫 글자가 쓰여 있습니다. 이 첫 글자를 참고하여 □에 알맞은 말을 넣어 낱말 풀이를 완성해 보세요.

❶ **재다** : 자, 저 □ 따위를 이용하여 길이, 너비, 높이, 깊이, 무 □ , 온도, 속도 따위의 정도를 알아보다.

❷ **들여놓다** : 밖에서 □ 으로 가 □ 다 놓다.

❸ **단위길이** : 계산의 기초가 되는 길 □ 의 일정한 기준. 센티미터, 미터, 킬로미터 따위로 표 □ 함.

❹ **폭** : 평면이나 넓은 물체의 가 □ 로 건너지른 거 □ .

❺ **자** : 길 □ 를 재는 데 쓰는 도 □ .

낱말 친구 사총사

다음 보기 의 글에서 밑줄 친 말이 뜻하는 것을 올바르게 말하고 있는 친구는 누구인지 고르세요.

> 보기   학교를 안 다니겠다는 것은 **어림 반 푼어치도 없는** 일이다.

① 이치에 맞지 않다는 뜻이야.

② 어림으로 짐작할 수 있다는 뜻이야.

③ 어림으로 계산할 수 없을 만큼 복잡하다는 뜻이야.

④ 몹시 부당하거나 터무니없는 말을 한다는 뜻이야.

연상되는 낱말 찾기

다음은 세 낱말을 보고 공통으로 연상되는 낱말을 찾는 문제입니다. 세 낱말과 관련 있는 낱말을 써 보세요.

저울	표시	간격	→	
줄	재다	길이	→	
높이	너비	무게	→	

짧은 글짓기

주어진 낱말을 이용하여 보기 와 같은 형식으로 짧은 글을 지어 보세요.

> 보기   누가 + 무엇을 + 어떻게 했다

폭	
들여놓다	
길이	

낱말 쌈 싸 먹기

알쏭달쏭 헷갈리는 맞춤법, 띄어쓰기, 관용어, 한자어가 이제 한입에 쏙!
하루에 한 쪽씩 맛있게 냠냠 해치우자!

맞춤법 다음 문장에서 맞춤법이 틀린 낱말을 찾아 바르게 고쳐 써 보세요.

> 부엌에서 고소한 참기름 냄새가 난다.　　　(　　　　　) → (　　　　)

띄어쓰기 주어진 두 문장 중 하나에는 띄어쓰기가 틀린 부분이 있습니다. 둘 중 바르게 띄어쓰기를 한 문장을 찾아서 ○표 하세요.

㉮ 친구에게 연필을 **열 자루** 주었습니다.　　　㉯ 친구에게 연필을 **열자루** 주었습니다.

도움말 '자루'는 수량을 세는 단위입니다.

관용어 □ 안에 낱말을 넣어서 그림 속 상황과 어울리는 속담이나 격언 등을 만들어 보세요.

공부하는 걸 보니 급하긴 급한가 보네.

당연하죠! 내일이 시험인데……,

□□에 불 떨어지다

한자어 글의 의미에 맞게 □ 안에 들어갈 알맞은 사자성어를 **보기**에서 찾아 써 보세요.

우리가 □□□□가 되어 힘을 합친다면, 반드시 어려움을 극복할 수 있을 것입니다.

보기 · 대동소이(大同小異)　　· 일심동체(一心同體)　　· 노심초사(勞心焦思)

가로·세로 낱말 만들기

 주어진 글자를 연결하여 **16** 회에 공부한 낱말을 만들어 보세요.

	단		길			
	어		눈			

단	재	길	눈	림
금	어	놓	위	이

★ 도전 시간 | **1분**

★ 만들 낱말 수 | **3개**

★ 만든 낱말 수 | **개**

낱말 영역 |

걸린 시간 | 　　　분　　　초

그림으로 낱말 찾기

지시선이 가리키는 그림을 보고 사물의 이름이나 행동, 상태 등에 해당하는 낱말을 보기 에서 찾아 □ 안에 쓰세요.

❶ 이름씨

❷ 이름씨

❸ 이름씨

❹ 이름씨

❺ 이름씨

보기　•전용　•노약자　•보도블록　•휠체어　•존중　•주차　•내밀다　•촌스럽다

낱말 뜻 알기

□ 안에는 어떤 낱말의 첫 글자가 쓰여 있습니다. 이 첫 글자를 참고하여 □에 알맞은 말을 넣어 낱말 풀이를 완성해 보세요.

❶ **전용** : 특정한 [목][　]으로 일정한 [부][　]에만 한하여 씀.

❷ **보도블록** : 보행자가 통행하는 [도][　]에 깔도록 만들어진 덩어리. 주로 시멘트, [벽][　] 따위로 되어 있음.

❸ **휠체어** : [다][　]를 마음대로 움직일 수 없는 사람이 앉은 채로 이동할 수 있도록 [바][　]를 단 의자.

❹ **내밀다** : 신체나 물체의 [일][　][　]이 밖이나 앞으로 [나][　]게 하다.

❺ **촌스럽다** : 어울린 맛과 [세][　]됨이 없이 어수룩한 데가 있다.

 **낱말 친구 사총사**

다음 보기 의 글에서 밑줄 친 말이 뜻하는 것을 올바르게 말하고 있는 친구는 누구인지 고르세요.

> **보기**　영희를 처음 만났을 때, 영희가 먼저 나에게 **손을 내밀었다**.

❶
손을 꼭 잡았다는 뜻이야.

❷
친해지고 싶어서 나섰다는 뜻이야.

❸
손으로 물건을 건넸다는 뜻이야.

❹
손을 내밀어 몸을 건드렸다는 뜻이야.

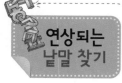 **연상되는 낱말 찾기**

다음은 세 낱말을 보고 공통으로 연상되는 낱말을 찾는 문제입니다. 세 낱말과 관련 있는 낱말을 써 보세요.

자동차	요금	금지	➡	
장애인	밀다	바퀴	➡	
버스	어린이	자전거	➡	

 **짧은 글짓기**

주어진 낱말을 이용하여 보기 와 같은 형식으로 짧은 글을 지어 보세요.

> **보기**　누가 + 왜 + 무엇을 + 어떻게 했다

촌스럽다	
노약자	
존중	

낱말 쌈 싸 먹기

알쏭달쏭 헷갈리는 맞춤법, 띄어쓰기, 관용어, 한자어가 이제 한입에 쏙!
하루에 한 쪽씩 맛있게 냠냠 해치우자!

맞춤법 다음 문장에서 ( ) 안의 낱말 중 맞춤법이 맞는 낱말에 ○표 하세요.

> 어머니는 남은 밥과 반찬으로 (비빈밥, 비빔밥)을 만들어 주셨다.

띄어쓰기 주어진 두 문장 중 하나에는 띄어쓰기가 틀린 부분이 있습니다. 둘 중 바르게 띄어쓰기를 한 문장을 찾아서 ○표 하세요.

㉮ **돼지고기**를 안 먹는 나라도 있어요.

㉯ **돼지 고기**를 안 먹는 나라도 있어요.

도움말 '식용으로 사용하는 돼지의 고기'라는 뜻을 가진 한 낱말입니다.

관용어 □ 안에 낱말을 넣어서 그림 속 상황과 어울리는 속담이나 격언 등을 만들어 보세요.

> 2학년이 됐는데, 왜 용돈을 안 올려 주시는 거예요?
>
> 응? 아, 알았어.

□□ 아이 □ 준다

한자어 글의 의미에 맞게 □ 안에 들어갈 알맞은 한자어를 보기 에서 찾아 써 보세요.

우리는 □□(이)가 되면, 송편을 먹고 □□에 가서 성묘를 한다.

보기 • 秋夕   • 新年   • 名所   • 山所

가로·세로 낱말 만들기

주어진 글자를 연결하여 **17** 회에 공부한 낱말을 만들어 보세요.

						어	
		보			록		
		약					

블	자	보	어	체
노	휠	록	약	도

★ 도전 시간	**1분**
★ 만들 낱말 수	**3개**
★ 만든 낱말 수	**개**

낱말은 쏙쏙! 생각은 쑥쑥!

그림으로 낱말 찾기

지시선이 가리키는 그림을 보고 사물의 이름이나 행동, 상태 등에 해당하는 낱말을 보기 에서 찾아 □ 안에 쓰세요.

❶ 이름씨

❷ 이름씨

❸ 이름씨

❹ 이름씨

❺ 이름씨

우리 마을을 □□ 하겠습니다.

보기 • 애쓰다 • 계획 • 큰길 • 건물 • 조사 • 소개 • 발표회 • 그림지도

낱말 뜻 알기

□ 안에는 어떤 낱말의 첫 글자가 쓰여 있습니다. 이 첫 글자를 참고하여 □에 알맞은 말을 넣어 낱말 풀이를 완성해 보세요.

❶ **조사** : 사□ 의 내용을 명확히 알기 위하여 자세히 살□ 보거나 찾아봄.

❷ **그림지도** : 지형지물을 한눈에 알아보기 쉽게 기□ 와 그림으로 간단하게 그린 지□ .

❸ **소개** : 잘 알려지지 않았거나, 모르는 사□ 이나 내용을 잘 알도록 해 주는 설□ .

❹ **발표회** : 연구, 창작, 활동 따위의 결과를 공□ 적으로 드러내어 알리는 모□ .

❺ **건물** : 사□ 이 들어 살거나, 일을 하거나, 물건을 넣어 두기 위하여 지은 집을 통□□ 이르는 말.

 **낱말 친구 사총사**

다음 밑줄 친 낱말 중 다른 셋을 포함하는 <u>큰 말</u>에 해당하는 낱말을 고르세요.

 ① 민지는 장미 **아파트** 15층에 살아.

 ② 동물 **병원** 바로 옆이 초담이네 집이야.

 ③ 우리 학교 뒤에 시립 **도서관**을 새로 짓는대.

 ④ 아버지 사무실은 시청 건너편 **건물** 4층에 있어.

 **연상되는 낱말 찾기**

다음은 세 낱말을 보고 공통으로 연상되는 낱말을 찾는 문제입니다. 세 낱말과 관련 있는 낱말을 써 보세요.

메모장	사진기	관찰	→	
알림	직업	자기	→	
방학	세우다	실천하다	→	

 **짧은 글짓기**

주어진 낱말을 이용하여 **보기**와 같은 형식으로 짧은 글을 지어 보세요.

보기   누가 + 어디서 + 무엇을 + 어떻게 했다

큰길	
애쓰다	
발표회	

낱말 쌈 싸 먹기

알쏭달쏭 헷갈리는 맞춤법, 띄어쓰기, 관용어, 한자어가 이제 한입에 쏙!
하루에 한 쪽씩 맛있게 냠냠 해치우자!

맞춤법 다음 문장에서 맞춤법이 <u>틀린</u> 낱말을 찾아 바르게 고쳐 써 보세요.

오늘 빨강색 구두를 신었다. (   ) → (   )

띄어쓰기 주어진 두 문장 중 하나에는 띄어쓰기가 틀린 부분이 있습니다. 둘 중 바르게 띄어쓰기를 한 문장을 찾아서 ○표 하세요.

㉮ **아무런일**도 없었던 것처럼 웃었습니다. ㉯ **아무런 일**도 없었던 것처럼 웃었습니다.

도움말 '아무런'은 뒷말을 꾸며 주는 낱말입니다.

관용어 □ 안에 낱말을 넣어서 그림 속 상황과 어울리는 속담이나 격언 등을 만들어 보세요.

넌 뭘 갖고 싶어?
다 사 줄게

□ 쓰듯

한자어 글의 의미에 맞게 □ 안에 들어갈 알맞은 사자성어를 **보기** 에서 찾아 써 보세요.

형은 오늘 들은 내용이 지난번과 □□□□ 하다며 달라진 것이 없다고 했다.

보기 ・ 대동소이(大同小異) ・ 역지사지(易地思之) ・ 기고만장(氣高萬丈)

가로·세로 낱말 만들기

🍿 주어진 글자를 연결하여 **18** 회에 공부한 낱말을 만들어 보세요.

				회			
		개	사	계			

획	발	개	조	표
회	소	쓰	계	사

★ 도전 시간 | **1분**

★ 만들 낱말 수 | **4개**

★ 만든 낱말 수 | **개**

낱말은 쏙쏙! 생각은 쑥쑥!

그림으로 낱말 찾기

지시선이 가리키는 그림을 보고 사물의 이름이나 행동, 상태 등에 해당하는 낱말을 보기 에서 찾아 □ 안에 쓰세요.

❶ 이름씨

❷ 이름씨

❸ 움직씨

❹ 이름씨

❺ 어찌씨

보기 • 습관 • 유지 • 대표 • 초대장 • 목청껏 • 실수 • 기념 • 쓰다듬다

낱말 뜻 알기

□ 안에는 어떤 낱말의 첫 글자가 쓰여 있습니다. 이 첫 글자를 참고하여 □에 알맞은 말을 넣어 낱말 풀이를 완성해 보세요.

❶ **초대장** : 어떤 자리나 모□에 초대하는 뜻을 적어서 보내는 편□.

❷ **쓰다듬다** : 손으로 살살 쓸어 어□ 만지다.

❸ **목청껏** : 있는 힘을 다하여 소□를 질러.

❹ **유지** : 어떤 상□나 상황을 그대로 변함없이 계□함.

❺ **실수** : 조□하지 않아서 잘□함. 또는 그런 행위.

낱말 친구 사총사

다음 밑줄 친 낱말의 뜻이 다른 셋과 같지 <u>않은</u> 것은 어느 것인지 번호를 고르세요.

❶ 버스를 탈 때 질서 **유지**에 힘써야 해.

❷ 음식은 냉장고에 보관해야 신선도가 오래 **유지**돼.

❸ 그 어른은 이 마을에서 가장 영향력이 큰 **유지**야.

❹ 건강한 몸을 **유지**하기 위해서는 규칙적인 운동을 해야 해.

연상되는 낱말 찾기

다음은 세 낱말을 보고 공통으로 연상되는 낱말을 찾는 문제입니다. 세 낱말과 관련 있는 낱말을 써 보세요.

이장	반장	대통령	→	
잘못하다	말	사과하다	→	
생일	날짜	장소	→	

짧은 글짓기

주어진 낱말을 이용하여 보기 와 같은 형식으로 짧은 글을 지어 보세요.

> **보기**　누가 + 어디서 + 무엇을 + 어떻게 했다

목청껏	
쓰다듬다	
습관	

낱말 쌈 싸 먹기

알쏭달쏭 헷갈리는 맞춤법, 띄어쓰기, 관용어, 한자어가 이제 한입에 쏙!
하루에 한 쪽씩 맛있게 냠냠 해치우자!

맞춤법 다음 문장에서 ( ) 안의 낱말 중 맞춤법이 맞는 낱말에 ○표 하세요.

(뻐꾸기, 뻐꾹이) 한 마리가 숲 속에서 뻐꾹뻐꾹 울고 있다.

띄어쓰기 주어진 두 문장 중 하나에는 띄어쓰기가 틀린 부분이 있습니다. 둘 중 바르게 띄어쓰기를 한 문장을 찾아서 ○표 하세요.

㉮ 문고리를 더 세게 **잡아 당겨** 봐.

㉯ 문고리를 더 세게 **잡아당겨** 봐.

도움말 '잡아서 자기가 있는 쪽으로 끌어당기다.' 라는 뜻을 가진 한 낱말입니다.

관용어 □ 안에 낱말을 넣어서 그림 속 상황과 어울리는 속담이나 격언 등을 만들어 보세요.

웬일로 햄버거 사 주나 했어.

임도 보고, 햄버거도 먹고,

□ 먹고 □ 먹는다

한자어 글의 의미에 맞게 □ 안에 들어갈 알맞은 한자어를 보기 에서 찾아 써 보세요.

엄마는 □□(이)가 되면 □□에 가서 신발을 사자고 말씀하셨다.

보기   • 前後   • 午後   • 市場   • 場所

가로·세로 낱말 만들기

20

 주어진 글자를 연결하여 **19** 회에 공부한 낱말을 만들어 보세요.

			기				
			관				
		목					
		장					

껏	장	습	청	넘
기	목	대	관	초

★ 도전 시간 | **1분**

★ 만들 낱말 수 | **4개**

★ 만든 낱말 수 | 개

낱말은 쏙쏙! 생각은 쑥쑥!

그림으로 낱말 찾기

지시선이 가리키는 그림을 보고 사물의 이름이나 행동, 상태 등에 해당하는 낱말을 보기 에서 찾아 ☐ 안에 쓰세요.

❶ 이름씨

❷ 이름씨

❸ 이름씨

❹ 이름씨

❺ 움직씨

이 ☐☐ 풀 수 있는 사람?

☐ 의 ☐ 은 9입니다.

$6+☐=15$

보기 • 식 • 같아지다 • 나타내다 • 수직선 • 값 • 문제 • 끄다 • 지우다

낱말 뜻 알기

☐ 안에는 어떤 낱말의 첫 글자가 쓰여 있습니다. 이 첫 글자를 참고하여 ☐에 알맞은 말을 넣어 낱말 풀이를 완성해 보세요.

❶ **지우다** : 글☐ 나 그림, 흔적 따위를 지☐☐ 나 천 따위로 보이지 않게 없애다.

❷ **나타내다** : 생각이나 느☐ 따위를 글, 그☐, 음악 따위로 드러내다.

❸ **끄다** : 타는 ☐ 을 못 타게 하다.

❹ **문제** : 해☐ 을 요구하는 물☐.

❺ **식** : 숫자, 문자, 기☐ 를 써서 이들 사이의 수☐ 적 관계를 나타낸 것.

 **낱말 친구** 사총사

다음 밑줄 친 낱말의 뜻이 다른 셋과 같지 <u>않은</u> 것은 어느 것인지 번호를 고르세요.

①

덧셈**식**에서
□의 값을 구해 봐.

②

기호를 사용하여
식으로 만들어 봐.

③

그림에 알맞은
뺄셈**식**을 써 봐.

④

9시에 시작되는
졸업**식**에 참석해야 해.

 **연상되는** 낱말 찾기

다음은 세 낱말을 보고 공통으로 연상되는 낱말을 찾는 문제입니다. 세 낱말과 관련 있는 낱말을 써 보세요.

지우개	얼룩	낙서	⟶	
소화기	산불	물	⟶	
정답	풀다	내다	⟶	

 **짧은** 글짓기

주어진 낱말을 이용하여 보기 와 같은 형식으로 짧은 글을 지어 보세요.

보기   누가 + 왜 + 무엇을 + 어떻게 했다

수직선	
값	
같아지다	

낱말 쌈 싸 먹기

알쏭달쏭 헛갈리는 맞춤법, 띄어쓰기, 관용어, 한자어가 이제 한입에 쏙!
하루에 한 쪽씩 맛있게 냠냠 해치우자!

맞춤법 ▶ 다음 문장에서 맞춤법이 <u>틀린</u> 낱말을 찾아 바르게 고쳐 써 보세요.

어머니는 정육점에서 살고기 한 근을 사셨다.　　　(　　　　　) → (　　　　　)

띄어쓰기 ▶ 주어진 두 문장 중 하나에는 띄어쓰기가 틀린 부분이 있습니다. 둘 중 바르게 띄어쓰기를 한 문장을 찾아서 〇표 하세요.

㉮ 어디서 **시큼시큼** 이상한 냄새가 났습니다.　　　㉯ 어디서 **시큼 시큼** 이상한 냄새가 났습니다.

도움말 신 맛이나 냄새가 있는 느낌을 나타내는 하나의 낱말입니다.

관용어 ▶ □ 안에 낱말을 넣어서 그림 속 상황과 어울리는 속담이나 격언 등을 만들어 보세요.

> 학교 갔다 오면 제일 먼저 손을 씻고 숙제하라고……
>
> 으, 알았다고요.

귀에 □이 박히다

한자어 ▶ 글의 의미에 맞게 □ 안에 들어갈 알맞은 사자성어를 **보기**에서 찾아 써 보세요.

우리 반 아이들은 □□□□(으)로 용돈을 조금씩 걷어 형석이 병원비를 보탰다.

보기　• 조삼모사(朝三暮四)　• 십시일반(十匙一飯)　• 인산인해(人山人海)

가로·세로 낱말 만들기

21

🍿 주어진 글자를 연결하여 **20** 회에 공부한 낱말을 만들어 보세요.

				지			
			수	문			

선	지	직	문	같
다	제	내	아	수

★ 도전 시간	**1분**
★ 만들 낱말 수	**3개**
★ 만든 낱말 수	**개**

낱말은 쏙쏙! 생각은 쑥쑥!

그림으로 낱말 찾기

지시선이 가리키는 그림을 보고 사물의 이름이나 행동, 상태 등에 해당하는 낱말을 보기 에서 찾아 □ 안에 쓰세요.

❶ 이름씨

❷ 이름씨

❸ 이름씨

❹ 이름씨

❺ 이름씨

보기   •쓰임   •지붕   •벽   •놓다   •한옥   •아파트   •광   •단독주택

낱말 뜻 알기

□ 안에는 어떤 낱말의 첫 글자가 쓰여 있습니다. 이 첫 글자를 참고하여 □에 알맞은 말을 넣어 낱말 풀이를 완성해 보세요.

❶ **지붕** : 집의 맨 [꼭][ ][ ] 부분을 덮어씌우는 [덮][ ].

❷ **단독주택** : 한 채씩 [따][ ] 지은 집.

❸ **광** : [살][ ] 살이나 그 밖의 여러 가지 [물][ ] 을 넣어 두는 곳.

❹ **한옥** : [우][ ][ ][ ] 고유의 [형][ ] 으로 지은 집을 양식 건물에 상대하여 이르는 말.

❺ **벽** : 집이나 방 따위의 [둘][ ] 를 막은 수직 건조물.

낱말 친구 사총사

다음 보기 의 글에서 밑줄 친 말이 뜻하는 것을 올바르게 말하고 있는 친구는 누구인지 고르세요.

> **보기**   나는 민정이와 **벽을 쌓고** 지낸 지가 오래되었다.

❶  서로 자주 만난다는 뜻이야.

❷  서로 벽에 부딪친다는 뜻이야.

❸ 서로 사귀던 관계를 끊는다는 뜻이야.

❹  서로 벽돌을 쌓고 논다는 뜻이야.

 **연상되는 낱말 찾기**

다음은 세 낱말을 보고 공통으로 연상되는 낱말을 찾는 문제입니다. 세 낱말과 관련 있는 낱말을 써 보세요.

굴뚝	기와	초가	→	
창고	열쇠	보관하다	→	
단지	경비실	승강기	→	

 **짧은 글짓기**

주어진 낱말을 이용하여 보기 와 같은 형식으로 짧은 글을 지어 보세요.

> **보기**   누가 + 언제 + 무엇을 + 어떻게 했다

한옥	
놓다	
쓰임	

낱말 쌈 싸 먹기

알쏭달쏭 헛갈리는 맞춤법, 띄어쓰기, 관용어, 한자어가 이제 한입에 쏙!
하루에 한 쪽씩 맛있게 냠냠 해치우자!

맞춤법 다음 문장에서 ( ) 안의 낱말 중 맞춤법이 맞는 낱말에 ○표 하세요.

(얼음, 어름)을 넣은 시원한 물이 마시고 싶었다.

띄어쓰기 주어진 두 문장 중 하나에는 띄어쓰기가 틀린 부분이 있습니다. 둘 중 바르게 띄어쓰기를 한 문장을 찾아서 ○표 하세요.

㉠ 아빠가 장미꽃을 **한다발** 사 오셨습니다.

㉡ 아빠가 장미꽃을 **한 다발** 사 오셨습니다.

도움말 '다발'은 수량을 세는 단위입니다.

관용어 □ 안에 낱말을 넣어서 그림 속 상황과 어울리는 속담이나 격언 등을 만들어 보세요.

□□□□이
소도둑 된다

한자어 글의 의미에 맞게 □ 안에 들어갈 알맞은 한자어를 **보기**에서 찾아 써 보세요.

심청이는 □□(이)가 깊은 □□(이었)였다.

보기 ・孝心 ・孝子 ・少女 ・父女

가로·세로 낱말 만들기

22

 주어진 글자를 연결하여 **21** 회에 공부한 낱말을 만들어 보세요.

						한	파	
			주	지			

파	옥	주	지	한
택	붕	트	양	아

★ 도전 시간 | **1분**

★ 만들 낱말 수 | **4개**

★ 만든 낱말 수 | **개**

낱말은 쏙쏙! 생각은 쑥쑥!

낱말 영역 |

걸린 시간 | 분 초

그림으로 낱말 찾기

지시선이 가리키는 그림을 보고 사물의 이름이나 행동, 상태 등에 해당하는 낱말을 보기 에서 찾아 □ 안에 쓰세요.

❹ 어찌씨

❶ 움직씨

❺ 움직씨

❷ 어찌씨

❸ 이름씨

보기 •불끈 •풀리다 •쭈뼛쭈뼛 •궁리 •쪽지 •해내다 •노려보다 •정리

낱말 뜻 알기

□ 안에는 어떤 낱말의 첫 글자가 쓰여 있습니다. 이 첫 글자를 참고하여 □에 알맞은 말을 넣어 낱말 풀이를 완성해 보세요.

❶ 불끈 : 주 □ 에 힘을 주어 꽉 쥐는 모 □ .

❷ 쭈뼛쭈뼛 : 어줍거나 부끄러워서 자꾸 주 □□□ 하거나 머 □ 거리는 모양.

❸ 궁리 : 마 □ 속으로 이리저리 따져 깊이 생 □ 함. 또는 그런 생각.

❹ 노려보다 : 미운 감 □ 으로 어떠한 대상을 매섭게 계속 바 □ 보다.

❺ 해내다 : 맡은 일이나 닥친 일을 능히 처 □ 하다.

낱말 친구 사총사

다음 밑줄 친 낱말의 뜻이 다른 셋과 같지 <u>않은</u> 것은 어느 것인지 번호를 고르세요.

❶  주영이가 겁먹은 얼굴로 **쭈뼛쭈뼛** 나섰어.

❷  아주머니께서는 **쭈뼛쭈뼛** 몇 번을 망설이셨어.

❸  지훈이는 머리를 긁적이며 **쭈뼛쭈뼛** 교실로 들어왔어.

❹  너무 놀라 머리카락이 **쭈뼛쭈뼛** 서는 것 같았어.

연상되는 낱말 찾기

다음은 세 낱말을 보고 공통으로 연상되는 낱말을 찾는 문제입니다. 세 낱말과 관련 있는 낱말을 써 보세요.

쥐다	주먹	화나다	→	
종이	편지	메모	→	
책상	방	정돈	→	

짧은 글짓기

주어진 낱말을 이용하여 보기 와 같은 형식으로 짧은 글을 지어 보세요.

보기 누가 + 어디서 + 무엇을 + 어떻게 했다

해내다	
노려보다	
궁리	

낱말 쌈 싸 먹기

알쏭달쏭 헛갈리는 맞춤법, 띄어쓰기, 관용어,
한자어가 이제 한입에 쏙!
하루에 한 쪽씩 맛있게 냠냠 해치우자!

맞춤법 다음 문장에서 맞춤법이 <u>틀린</u> 낱말을 찾아 바르게 고쳐 써 보세요.

내가 여덜 살에 서울로 이사를 갔다.　　　(　　　　　) → (　　　　　)

띄어쓰기 주어진 두 문장 중 하나에는 띄어쓰기가 틀린 부분이 있습니다. 둘 중 바르게 띄어쓰기를 한 문장을 찾아서 ○표 하세요.

㉮ **말버릇**이 나쁘다고 꾸중을 들었습니다.　　　　㉯ **말 버릇**이 나쁘다고 꾸중을 들었습니다.

도움말 '여러 번 거듭하는 사이에 몸에 배어 굳어 버린 말의 투'를 뜻하는 한 낱말입니다.

관용어 □ 안에 낱말을 넣어서 그림 속 상황과 어울리는 속담이나 격언 등을 만들어 보세요.

> 흥부야, 집도 잃고
> 재산도 다 잃었다.
>
> 앗!
> 놀부 형님!

□□을 차다

한자어 글의 의미에 맞게 □ 안에 들어갈 알맞은 사자성어를 **보기**에서 찾아 써 보세요.

평생 동안 □□□□한 친구 분이 돌아가시자, 할아버지께서는 매우 슬퍼하셨다.

보기 ・견물생심(見物生心)　　・백전백승(百戰百勝)　　・동고동락(同苦同樂)

가로·세로 낱말 만들기

23

🍿 주어진 글자를 연결하여 **22**회에 공부한 낱말을 만들어 보세요.

			궁				
			지	불	다		

궁	내	불	해	리
끈	쪽	정	다	지

★ 도전 시간 | **1분**

★ 만들 낱말 수 | **5개**

★ 만든 낱말 수 | **개**

낱말은 쏙쏙! 생각은 쑥쑥!

낱말 영역 |

걸린 시간 | 　분　　초

 **그림으로 낱말 찾기**

지시선이 가리키는 그림을 보고 사물의 이름이나 행동, 상태 등에 해당하는 낱말을 **보기** 에서 찾아 ☐ 안에 쓰세요.

① 이름씨

② 이름씨

③ 움직씨

④ 이름씨

⑤ 이름씨

보기 ・긴바늘　・짧은바늘　・가리키다　・시각　・걸리다　・달력　・요일　・분

낱말 뜻 알기

☐ 안에는 어떤 낱말의 첫 글자가 쓰여 있습니다. 이 첫 글자를 참고하여 ☐에 알맞은 말을 넣어 낱말 풀이를 완성해 보세요.

① **분** : 한 시☐ 의 60분의 1이 되는 동안을 세는 단☐ .

② **달력** : 1년 가운데 달, 날, 요☐ , 이십사절기, 국경일 따위의 사항을 날☐ 에 따라 적어 놓은 것.

③ **가리키다** : 손☐☐ 따위로 어떤 방☐ 이나 대상을 집어서 보이거나 말하거나 알리다.

④ **짧은바늘** : 시계의 시☐ 을 이르는 말.

⑤ **요일** : 일☐ 의 각 날을 이르는 말.

 **낱말 친구 사총사**

다음 밑줄 친 낱말의 뜻이 다른 셋과 같지 <u>않은</u> 것은 어느 것인지 번호를 고르세요.

❶  미안해. 몇 **분**만 더 기다려 줘.

❷ 놀이 공원에 도착한 시각은 9시 25**분**이야.

❸ 시계의 긴바늘이 한 바퀴 도는 데 걸리는 시간은 60**분**이야.

❹  친척 세 **분**이 우리 집을 방문하셨어.

 **연상되는 낱말 찾기**

다음은 세 낱말을 보고 공통으로 연상되는 낱말을 찾는 문제입니다. 세 낱말과 관련 있는 낱말을 써 보세요.

열두 달	요일	날짜	→	
손가락	방향	지적하다	→	
시간	정각	시점	→	

 **짧은 글짓기**

주어진 낱말을 이용하여 보기 와 같은 형식으로 짧은 글을 지어 보세요.

보기 누가 + 언제 + 무엇을 + 어떻게 했다

긴바늘	
요일	
걸리다	

낱말 쌈 싸 먹기

알쏭달쏭 헛갈리는 맞춤법, 띄어쓰기, 관용어, 한자어가 이제 한입에 쏙!

하루에 한 쪽씩 맛있게 냠냠 해치우자!

맞춤법 다음 문장에서 ( ) 안의 낱말 중 맞춤법이 맞는 낱말에 ○표 하세요.

정원에 (이쁜, 예쁜) 꽃이 활짝 피었다.

띄어쓰기 주어진 두 문장 중 하나에는 띄어쓰기가 틀린 부분이 있습니다. 둘 중 바르게 띄어쓰기를 한 문장을 찾아서 ○표 하세요.

㉮ **한두명**만 빼고 모두 졸고 있었다.

㉯ **한두 명**만 빼고 모두 졸고 있었다.

도움말 '한두'는 뒷말을 꾸며 주는 낱말입니다.

관용어 □ 안에 낱말을 넣어서 그림 속 상황과 어울리는 속담이나 격언 등을 만들어 보세요.

집이 왜 이렇게 조용해요?

쉿! 애들이 축구하고 와서 일찍 곯아떨어졌어요.

□ 죽은 듯

한자어 글의 의미에 맞게 □ 안에 들어갈 알맞은 한자어를 **보기**에서 찾아 써 보세요.

나는 아침마다 아빠와 □□(을)를 한다. 산에 올라 □□(을)를 하면 기분이 상쾌하다.

보기 ・登山 ・登校 ・運動 ・出動

가로·세로 낱말 만들기

 주어진 글자를 연결하여 **23** 회에 공부한 낱말을 만들어 보세요.

			일	시	은		
			력				

력	짧	요	은	바
일	늘	각	달	시

★ 도전 시간	**1분**
★ 만들 낱말 수	**4개**
★ 만든 낱말 수	개

낱말은 쏙쏙! 생각은 쑥쑥!

그림으로 낱말 찾기

지시선이 가리키는 그림을 보고 사물의 이름이나 행동, 상태 등에 해당하는 낱말을 보기 에서 찾아 □ 안에 쓰세요.

❶ 이름씨

❷ 이름씨

❸ 움직씨

❹ 이름씨

❺ 이름씨

보기 ㆍ인터넷 　ㆍ댓글 　ㆍ어리둥절하다 　ㆍ전학 　ㆍ마우스 　ㆍ아이디 　ㆍ일지 　ㆍ게임

낱말 뜻 알기

□ 안에는 어떤 낱말의 첫 글자가 쓰여 있습니다. 이 첫 글자를 참고하여 □에 알맞은 말을 넣어 낱말 풀이를 완성해 보세요.

❶ **아이디** : 인터넷에서, 이용자의 신□ 을 증명할 수 있는 고유의 체계. 문자나 숫□ 따위로 이루어짐.

❷ **댓글** : 인터넷에 오른 원문에 대하여 짧□ 하게 답하여 올리는 글.

❸ **어리둥절하다** : 무슨 영□ 인지 잘 몰라서 얼□□ 하다.

❹ **인터넷** : 전 세계의 컴□□ 가 서로 연결되어 정□ 를 교환할 수 있는 통신망.

❺ **전학** : 다니던 학□ 에서 다른 학□ 로 학적을 옮겨 가서 배□ .

낱말 친구 사총사

다음 밑줄 친 낱말의 뜻이 다른 셋과 같지 <u>않은</u> 것은 어느 것인지 번호를 고르세요.

❶ 컴퓨터 **게임**을 하느라고 밤늦게 잤어.

❷ 지난 주말에 아빠와 탁구를 세 **게임** 했어.

❸ 여럿이 모여서 재미있는 퍼즐 **게임**을 했어.

❹ 우리들은 두 팀으로 나뉘어 축구 **게임**을 했어.

연상되는 낱말 찾기

다음은 세 낱말을 보고 공통으로 연상되는 낱말을 찾는 문제입니다. 세 낱말과 관련 있는 낱말을 써 보세요.

컴퓨터	통신	정보	→	
학교	친구	떠나다	→	
기록하다	업무	매일	→	

짧은 글짓기

주어진 낱말을 이용하여 보기 와 같은 형식으로 짧은 글을 지어 보세요.

> **보기**   누가 + 왜 + 무엇을 + 어떻게 했다

마우스	
아이디	
전학	

낱말 쌈 싸 먹기

알쏭달쏭 헷갈리는 맞춤법, 띄어쓰기, 관용어,
한자어가 이제 한입에 쏙!
하루에 한 쪽씩 맛있게 냠냠 해치우자!

맞춤법 다음 문장에서 맞춤법이 <u>틀린</u> 낱말을 찾아 바르게 고쳐 써 보세요.

오뚜기가 쓰러졌다가 다시 벌떡 일어났다. (   ) → (   )

띄어쓰기 주어진 두 문장 중 하나에는 띄어쓰기가 틀린 부분이 있습니다. 둘 중 바르게 띄어쓰기를 한 문장을 찾아서 ○표 하세요.

㉮ 동생은 자기도 **데려가라고** 떼를 썼어.

㉯ 동생은 자기도 **데려 가라고** 떼를 썼어.

도움말 '함께 거느리고 가다.' 라는 뜻을 가진 한 낱말입니다.

관용어 □ 안에 낱말을 넣어서 그림 속 상황과 어울리는 속담이나 격언 등을 만들어 보세요.

> 에잇, 용서할 수 없다, 덤벼!
>
> 그 형 태권도 4단이야.

□□□□□ 범 무서운 줄 모른다

한자어 글의 의미에 맞게 □ 안에 들어갈 알맞은 사자성어를 보기 에서 찾아 써 보세요.

선생님께서는 아무리 말을 해도 영민이가 □□□□ 이라며 답답해하셨다.

보기   • 주마간산(走馬看山)   • 우이독경(牛耳讀經)   • 추풍낙엽(秋風落葉)

가로·세로 낱말 만들기

25

 주어진 글자를 연결하여 **24** 회에 공부한 낱말을 만들어 보세요.

			마				
			리		절		
					터		

둥	스	우	리	터
인	어	넷	마	절

★ 도전 시간 | **1분**

★ 만들 낱말 수 | **3개**

★ 만든 낱말 수 | **개**

낱말은 쏙쏙! 생각은 쑥쑥!

그림으로 낱말 찾기

지시선이 가리키는 그림을 보고 사물의 이름이나 행동, 상태 등에 해당하는 낱말을 보기에서 찾아 □ 안에 쓰세요.

❶ 움직씨

❷ 움직씨

❸ 어찌씨

❹ 움직씨

❺ 움직씨

보기 · 돌보다　· 함께　· 온순하다　· 기분　· 고르다　· 들다　· 표현하다　· 찾다

낱말 뜻 알기

□ 안에는 어떤 낱말의 첫 글자가 쓰여 있습니다. 이 첫 글자를 참고하여 □에 알맞은 말을 넣어 낱말 풀이를 완성해 보세요.

❶ **찾다** : 주□에 없는 것을 얻거나 사람을 만나려고 여기저기를 뒤□거나 살피다.

❷ **고르다** : 여□ 중에서 가려내거나 뽑다.

❸ **온순하다** : 성질이나 마□□가 온화하고 양순하다.

❹ **들다** : 빛, 볕, 물 따위가 안으로 들□오다.

❺ **기분** : 대상이나 환□ 등에 따라 마음에 절로 생기며 한동안 지속되는, 유쾌함이나 불쾌함 따위의 감□.

낱말 친구 사총사

다음 보기 의 글에서 밑줄 친 말이 뜻하는 것을 올바르게 말하고 있는 친구는 누구인지 고르세요.

보기 나는 생일날 **기분을 내려고** 친구들을 초대했다.

❶  남에게 자랑을 한다는 뜻이야.

❷  남에게 한턱을 쓴다는 뜻이야.

❸  남의 기분을 상하게 한다는 뜻이야.

❹  남의 기분을 좋게 해 준다는 뜻이야.

 **연상되는 낱말 찾기**

다음은 세 낱말을 보고 공통으로 연상되는 낱말을 찾는 문제입니다. 세 낱말과 관련 있는 낱말을 써 보세요.

주변	두리번거리다	살피다	➡	
마음씨	착하다	순하다	➡	
보살피다	아기	애완견	➡	

 **짧은 글짓기**

주어진 낱말을 이용하여 보기 와 같은 형식으로 짧은 글을 지어 보세요.

보기 누가 + 어디서 + 무엇을 + 어떻게 했다

함께	
고르다	
표현하다	

낱말 쌈 싸 먹기

알쏭달쏭 헷갈리는 맞춤법, 띄어쓰기, 관용어,
한자어가 이제 한입에 쏙!
하루에 한 쪽씩 맛있게 냠냠 해치우자!

맞춤법 다음 문장에서 ( ) 안의 낱말 중 맞춤법이 맞는 낱말에 ○표 하세요.

> 친구와 (오순도순, 오손도손) 정답게 이야기하였다.

띄어쓰기 주어진 두 문장 중 하나에는 띄어쓰기가 틀린 부분이 있습니다. 둘 중 바르게 띄어쓰기를 한 문장을 찾아서 ○표 하세요.

㉮ 그가 이쪽으로 **엉큼 성큼** 걸어왔습니다.

㉯ 그가 이쪽으로 **엉큼성큼** 걸어왔습니다.

도움말 모양이나 소리를 흉내내는 낱말은 붙여 씁니다.

관용어 □ 안에 낱말을 넣어서 그림 속 상황과 어울리는 속담이나 격언 등을 만들어 보세요.

> 동생들이 널 잘 따르는 만큼 버릇없이 굴지 말고 형으로서 모범을 보여야 해, 알았지?

> 네,

□□이 맑아야
□□□이 맑다

한자어 글의 의미에 맞게 □ 안에 들어갈 알맞은 한자어를 보기 에서 찾아 써 보세요.

강 상류의 □□ 발전소에서 우리 마을에 □□(을)를 공급한다.

보기 • 水力   • 水平   • 空氣   • 電氣

가로·세로 낱말 만들기

 주어진 글자를 연결하여 **25** 회에 공부한 낱말을 만들어 보세요.

		온	기				
		함					

함	순	기	찾	현
분	표	돌	께	온

★ 도전 시간 | **1분**

★ 만들 낱말 수 | **4개**

★ 만든 낱말 수 | 　　　개

낱말은 쏙쏙! 생각은 쑥쑥!

낱말 영역 |

걸린 시간 | ___ 분 ___ 초

그림으로 낱말 찾기

지시선이 가리키는 그림을 보고 사물의 이름이나 행동, 상태 등에 해당하는 낱말을 보기에서 찾아 ☐ 안에 쓰세요.

❶ 이름씨

❷ 이름씨

❸ 이름씨

❹ 이름씨

❺ 이름씨

보기 · 그늘 · 산길 · 메아리 · 뜀틀 · 매트 · 평균대 · 자연물 · 프로타주

낱말 뜻 알기

☐ 안에는 어떤 낱말의 첫 글자가 쓰여 있습니다. 이 첫 글자를 참고하여 ☐에 알맞은 말을 넣어 낱말 풀이를 완성해 보세요.

❶ **프로타주** : 나뭇조각이나 나뭇잎, 시멘트 바닥, 기타 요철이 있는 물체에 [종][ ]를 대고 크레용, [색][ ][ ], 숯 따위로 문질러 거기에 베껴지는 무늬나 효과 따위를 응용한 회화 기법.

❷ **자연물** : [자][ ]에서 저절로 생긴 [물][ ]를 말함.

❸ **매트** : 체조, 유도, 레슬링 따위의 [운][ ]을 할 때, 위험을 방지하기 위하여 [바][ ]에 까는 물건.

❹ **메아리** : 울려 퍼져 가던 [소][ ]가 산이나 [절][ ] 같은 데에 부딪쳐 되울려 오는 소리.

❺ **뜀틀** : [체][ ]의 뜀틀 운동에 쓰는 기구.

낱말 친구 사총사

다음 보기의 글에서 밑줄 친 말이 뜻하는 것을 올바르게 말하고 있는 친구는 누구인지 고르세요.

> 보기 어머니는 대학에 다니는 외삼촌에게 **그늘 밑 매미 신세**라고 말씀하셨다.

❶
심리적으로 불안한 상태라는 뜻이야.

❷
위험에 빠져 목숨이 위태로운 처지라는 뜻이야.

❸
부지런히 일하지 않고 놀기만 하면서 편하게 지내는 처지라는 뜻이야.

❹
부지런해서 사람들에게 사랑을 받는 처지라는 뜻이야.

 **연상되는 낱말 찾기**

다음은 세 낱말을 보고 공통으로 연상되는 낱말을 찾는 문제입니다. 세 낱말과 관련 있는 낱말을 써 보세요.

운동	깔다	구르다	→	
나뭇잎	무늬	문지르다	→	
산	울리다	야호	→	

 **짧은 글짓기**

주어진 낱말을 이용하여 보기와 같은 형식으로 짧은 글을 지어 보세요.

> 보기 누가 + 언제 + 무엇을 + 어떻게 했다

산길	
뜀틀	
평균대	

낱말 쌈 싸 먹기

알쏭달쏭 헷갈리는 맞춤법, 띄어쓰기, 관용어, 한자어가 이제 한입에 쏙!
하루에 한 쪽씩 맛있게 냠냠 해치우자!

맞춤법 다음 문장에서 맞춤법이 틀린 낱말을 찾아 바르게 고쳐 써 보세요.

지후는 아래옷부터 입고 나서 웃옷을 입었다.   (   ) → (   )

띄어쓰기 주어진 두 문장 중 하나에는 띄어쓰기가 틀린 부분이 있습니다. 둘 중 바르게 띄어쓰기를 한 문장을 찾아서 ○표 하세요.

㉮ 무슨 **일 이든지** 열심히 하는 게 중요해.   ㉯ 무슨 **일이든지** 열심히 하는 게 중요해.

도움말 '이든지'는 앞말을 도와주는 낱말입니다.

관용어 □ 안에 낱말을 넣어서 그림 속 상황과 어울리는 속담이나 격언 등을 만들어 보세요.

> 엄마가 아프셔서 당분간 내가 밥을 해야 해.

> 책임이 크군.

□□가 무겁다

한자어 글의 의미에 맞게 □ 안에 들어갈 알맞은 사자성어를 **보기**에서 찾아 써 보세요.

모두 제가 잘못한 일이니, 뭐라고 나무라셔도 □□□□입니다.

보기 ・유구무언(有口無言)   ・유비무환(有備無患)   ・유유상종(類類相從)

가로·세로 낱말 만들기

 주어진 글자를 연결하여 **26** 회에 공부한 낱말을 만들어 보세요.

				대	자		
				리			

리	군	자	아	대
균	메	평	물	연

★ 도전 시간 | **1분**

★ 만들 낱말 수 | **3개**

★ 만든 낱말 수 | **개**

낱말은 쏙쏙! 생각은 쑥쑥!

낱말 영역 |

걸린 시간 | 　분　　초

그림으로 낱말 찾기

지시선이 가리키는 그림을 보고 사물의 이름이나 행동, 상태 등에 해당하는 낱말을 보기 에서 찾아 □ 안에 쓰세요.

❸ 이름씨

❶ 이름씨

❹ 움직씨

❷ 이름씨

❺ 이름씨

보기 　· 쏜살같이　　· 몸부림　　· 낭떠러지　　· 포효　　· 엉덩방아　　· 위장　　· 소스라치다　　· 광주리

낱말 뜻 알기

□ 안에는 어떤 낱말의 첫 글자가 쓰여 있습니다. 이 첫 글자를 참고하여 □에 알맞은 말을 넣어 낱말 풀이를 완성해 보세요.

❶ **위장** : 본래의 정체나 [모][　]이 드러나지 않도록 [거][　]으로 꾸밈. 또는 그런 수단이나 방법.

❷ **엉덩방아** : 미끄러지거나 넘어지거나 주저앉아서 [엉][　]로 [바][　]을 쾅 구르는 짓.

❸ **광주리** : 대, 싸리, 버들 따위를 [재][　]로 하여 만든 [그][　].

❹ **소스라치다** : [깜][　] 놀라 몸을 갑자기 떠는 듯이 [움][　]이다.

❺ **몸부림** : 있는 힘을 다하여 [온][　]을 흔들고 부딪는 일.

낱말 친구 사총사

다음 밑줄 친 낱말의 뜻이 다른 셋과 같지 <u>않은</u> 것은 어느 것인지 번호를 고르세요.

❶ 이 약은 **위장**병에 신통하게 잘 듣는대.

❷ 민기는 아빠 목소리로 **위장**하여 동생을 불렀어.

❸ 호랑이는 옷을 뺏어 입고 엄마로 **위장**을 했어.

❹ 얼굴에 얼룩무늬를 그려 **위장**한 군인들이 나타났어.

연상되는 낱말 찾기

다음은 세 낱말을 보고 공통으로 연상되는 낱말을 찾는 문제입니다. 세 낱말과 관련 있는 낱말을 써 보세요.

호랑이	울부짖다	무섭다	→	
찧다	엉덩이	아프다	→	
그릇	이다	대나무	→	

짧은 글짓기

주어진 낱말을 이용하여 보기 와 같은 형식으로 짧은 글을 지어 보세요.

보기   누가 + 왜 + 무엇을 + 어떻게 했다

몸부림	
낭떠러지	
쏜살같이	

낱말 쌈 싸 먹기

알쏭달쏭 헷갈리는 맞춤법, 띄어쓰기, 관용어, 한자어가 이제 한입에 쏙! **하루에 한 쪽씩 맛있게 냠냠 해치우자!**

맞춤법 다음 문장에서 (   ) 안의 낱말 중 맞춤법이 맞는 낱말에 ○표 하세요.

> 밤새 아팠던 아이가 다행히 (이튼날, 이튿날) 아침 회복되었다.

띄어쓰기 주어진 두 문장 중 하나에는 띄어쓰기가 틀린 부분이 있습니다. 둘 중 바르게 띄어쓰기를 한 문장을 찾아서 ○표 하세요.

㉮ 절대로 **불 장난**을 해서는 안 됩니다.

㉯ 절대로 **불장난**을 해서는 안 됩니다.

도움말 '불을 가지고 노는 장난' 이라는 뜻을 가진 한 낱말입니다.

관용어 □ 안에 낱말을 넣어서 그림 속 상황과 어울리는 속담이나 격언 등을 만들어 보세요.

우리 반 애들은 서로 협동할 줄을 몰라.

맞아, 서로 자기만 잘난 줄 안다니까.

야, 너희는 우리 반 아니냐?

누워서 □ □ □

한자어 글의 의미에 맞게 □ 안에 들어갈 알맞은 한자어를 보기 에서 찾아 써 보세요.

머리가 하얗게 센 □□ 의 신사는 지나간 □□ 을 그리워하는 것처럼 보였다.

보기   • 來年   • 老年   • 靑年   • 靑春

가로·세로 낱말 만들기

 주어진 글자를 연결하여 **27** 회에 공부한 낱말을 만들어 보세요.

					지		
			광		리		
			부				

지	주	몸	리	낭
부	떠	광	러	림

낱말은 쏙쏙! 생각은 쑥쑥!

그림으로 낱말 찾기

지시선이 가리키는 그림을 보고 사물의 이름이나 행동, 상태 등에 해당하는 낱말을
보기 에서 찾아 □ 안에 쓰세요.

❶ 이름씨

❷ 이름씨

❸ 움직씨

❹ 이름씨

❺ 이름씨

보기 · 전기　· 서랍　· 생활용품　· 자원　· 흠집　· 잠그다　· 플러그　· 집중

낱말 뜻 알기

□ 안에는 어떤 낱말의 첫 글자가 쓰여 있습니다. 이 첫 글자를 참고하여 □에 알
맞은 말을 넣어 낱말 풀이를 완성해 보세요.

❶ **서랍** : 책상, 장롱, 화장대, 문갑 따위에 끼웠다 뺐다 하게 만든 뚜 □ 이 없는 상 □ .

❷ **생활용품** : 생 □ 을 하는 데 필요한 물 □ .

❸ **잠그다** : 물, 가 □ 따위가 흘러나오지 않도록 차 □ 하다.

❹ **집중** : 한 가지 일에 모든 힘을 쏟 □ □ □ .

❺ **흠집** : 흠이 생긴 자 □ 나 흔 □ .

낱말 친구 사총사

다음 밑줄 친 낱말의 뜻이 다른 셋과 같지 <u>않은</u> 것은 어느 것인지 번호를 고르세요.

❶
어제 **전기**가 나가서 촛불을 켰어.

❷
드디어 산골 마을에 **전기**가 들어왔어.

❸
주말 동안 한국 위인 **전기**를 열 권이나 읽었어.

❹
불이 나자 아파트의 **전기** 공급이 중단되었어.

연상되는 낱말 찾기

다음은 세 낱말을 보고 공통으로 연상되는 낱말을 찾는 문제입니다. 세 낱말과 관련 있는 낱말을 써 보세요.

책상	장롱	닫다	➡	
수도꼭지	문	자물쇠	➡	
화장지	비누	로션	➡	

짧은 글짓기

주어진 낱말을 이용하여 **보기** 와 같은 형식으로 짧은 글을 지어 보세요.

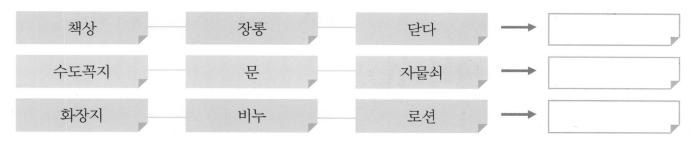

보기	누가 + 무엇을 + 어떻게 했다

자원	
흠집	
플러그	

낱말 쌈 싸 먹기

알쏭달쏭 헛갈리는 맞춤법, 띄어쓰기, 관용어, 한자어가 이제 한입에 쏙!
하루에 한 쪽씩 맛있게 냠냠 해치우자!

맞춤법 ▸ 다음 문장에서 맞춤법이 틀린 낱말을 찾아 바르게 고쳐 써 보세요.

> 우리 동네 과일 장사 아저씨는 인심이 좋다.   (   ) → (   )

띄어쓰기 ▸ 주어진 두 문장 중 하나에는 띄어쓰기가 틀린 부분이 있습니다. 둘 중 바르게 띄어쓰기를 한 문장을 찾아서 ○표 하세요.

㉮ 꽃을 피우려고 **온갖 정성**을 기울였습니다.

㉯ 꽃을 피우려고 **온갖정성**을 기울였습니다.

도움말 '온갖'은 뒷말을 꾸며 주는 낱말입니다.

관용어 ▸ □ 안에 낱말을 넣어서 그림 속 상황과 어울리는 속담이나 격언 등을 만들어 보세요.

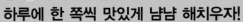

□□□를 졸라매다

한자어 ▸ 글의 의미에 맞게 □ 안에 들어갈 알맞은 사자성어를 **보기**에서 찾아 써 보세요.

> 고모가 결혼하시는 날, 어른들께서는 신랑과 신부가 □□□□이라며 흐뭇해하셨다.

보기 · 설상가상(雪上加霜)   · 일장춘몽(一場春夢)   · 천생연분(天生緣分)

가로·세로 낱말 만들기

⭐ 주어진 글자를 연결하여 ㉘ 회에 공부한 낱말을 만들어 보세요.

			활	집			
			서	원			

용	집	랍	자	활
원	생	흠	품	서

★ 도전 시간 | **1분**

★ 만들 낱말 수 | **4개**

★ 만든 낱말 수 | **개**

낱말은 쏙쏙! 생각은 쑥쑥!

낱말 영역	
걸린 시간	분 초

그림으로 낱말 찾기

지시선이 가리키는 그림을 보고 사물의 이름이나 행동, 상태 등에 해당하는 낱말을 보기 에서 찾아 □ 안에 쓰세요.

❶ 이름씨

		모

❷ 이름씨

❸ 이름씨

❹ 이름씨

❺ 이름씨

보기   • 실천   • 약속   • 상하다   • 신호   • 식품   • 찻길   • 안전   • 낯설다

낱말 뜻 알기

□ 안에는 어떤 낱말의 첫 글자가 쓰여 있습니다. 이 첫 글자를 참고하여 □에 알맞은 말을 넣어 낱말 풀이를 완성해 보세요.

❶ **찻길** : [사][ ] 이 다니는 길 따위와 구분하여 [자][ ][ ] 만 다니게 한 길.

❷ **식품** : [사][ ] 이 일상적으로 섭취하는 [음][ ][ ] 을 통틀어 이르는 말.

❸ **실천** : [생][ ] 한 바를 [실][ ] 로 행함.

❹ **낯설다** : 전에 본 [기][ ] 이 없어 [익][ ] 하지 않다.

❺ **안전** : 위험이 생기거나 [사][ ] 가 날 [염][ ] 가 없음. 또는 그런 상태.

낱말 친구 사총사

다음 밑줄 친 낱말 중 다른 셋을 포함하는 <u>큰 말</u>에 해당하는 낱말을 고르세요.

❶ 형은 **라면**을 지나치게 많이 먹어.

❷ 남은 **만두**를 냉동실에 넣어 보관했어.

❸ 이 백화점에서는 **딸기**를 아주 싸게 팔아.

❹ 상한 음식이나 불량 **식품**은 먹지 말아야 해.

연상되는 낱말 찾기

다음은 세 낱말을 보고 공통으로 연상되는 낱말을 찾는 문제입니다. 세 낱말과 관련 있는 낱말을 써 보세요.

시간	장소	새끼손가락	⟶	
썩다	고기	변하다	⟶	
길	자동차	조심	⟶	

짧은 글짓기

주어진 낱말을 이용하여 보기 와 같은 형식으로 짧은 글을 지어 보세요.

보기   누가 + 어디서 + 무엇을 + 어떻게 했다

안전	
신호	
낯설다	

낱말 쌈 싸 먹기

알쏭달쏭 헛갈리는 맞춤법, 띄어쓰기, 관용어, 한자어가 이제 한입에 쏙!
하루에 한 쪽씩 맛있게 냠냠 해치우자!

맞춤법 다음 문장에서 ( ) 안의 낱말 중 맞춤법이 맞는 낱말에 ○표 하세요.

아버지는 (지개, 지게)를 지고 산으로 나무하러 가셨다.

띄어쓰기 주어진 두 문장 중 하나에는 띄어쓰기가 틀린 부분이 있습니다. 둘 중 바르게 띄어쓰기를 한 문장을 찾아서 ○표 하세요.

㉮ 친구한테서 과자를 **얻어먹었습니다.**

㉯ 친구한테서 과자를 **얻어 먹었습니다.**

도움말 '남이 거저 주는 것을 받아먹다.' 라는 뜻을 가진 한 낱말입니다.

관용어 □ 안에 낱말을 넣어서 그림 속 상황과 어울리는 속담이나 격언 등을 만들어 보세요.

□□도 모르다

한자어 글의 의미에 맞게 □ 안에 들어갈 알맞은 한자어를 보기 에서 찾아 써 보세요.

아빠는 우리 가족이 □□하고 행복하기만을 바라시는 우리 집의 □□이시다.

보기   ・便安   ・不便   ・家訓   ・家長

가로·세로 낱말 만들기

30

 주어진 글자를 연결하여 29 회에 공부한 낱말을 만들어 보세요.

				전			
				신			
		천					
		식					

호	전	식	속	천
품	실	약	신	안

★ 도전 시간 | **1분**

★ 만들 낱말 수 | **5개**

★ 만든 낱말 수 | 개

낱말은 쏙쏙! 생각은 쑥쑥!

낱말 영역 |

걸린 시간 | 　분　　초

 **그림으로 낱말 찾기**

지시선이 가리키는 그림을 보고 사물의 이름이나 행동, 상태 등에 해당하는 낱말을 보기 에서 찾아 □ 안에 쓰세요.

❶ 이름씨

❷ 이름씨

❸ 움직씨

❹ 이름씨

❺ 이름씨

보기 　· 다지다　　· 낚싯대　　· 둘러메다　　· 호흡　　· 돛대　　· 구조　　· 물뿌리개　　· 모종삽

 **낱말 뜻 알기**

□ 안에는 어떤 낱말의 첫 글자가 쓰여 있습니다. 이 첫 글자를 참고하여 □에 알맞은 말을 넣어 낱말 풀이를 완성해 보세요.

❶ **물뿌리개** : 화 □ 따위에 물을 주거나 뿌리는 데에 쓰는 기 □ .

❷ **낚싯대** : 물 □ 를 잡는 도 □ 의 하나. 가늘고 긴 대에 낚싯줄을 매어 씀.

❸ **구조** : 재 □ 따위를 당하여 어려운 처 □ 에 빠진 사람을 구하여 줌.

❹ **돛대** : 돛을 달기 위하여 배 바 □ 에 새운 기 □ .

❺ **모종삽** : 어린 식 □ 을 옮겨 심을 때에 사 □ 하는, 흙손만 한 작은 삽.

낱말 친구 사총사

다음 밑줄 친 낱말의 뜻이 다른 셋과 같지 <u>않은</u> 것은 어느 것인지 번호를 고르세요.

① 민하는 꽃을 심고 흙을 **다졌어**.

② 아이들은 흙을 **다져** 두꺼비 집을 지었어.

③ 아버지는 논둑을 **다져** 흙이 패지 않게 하셨어.

④ 어머니는 쇠고기를 **다져서** 맛있는 떡갈비를 만들어 주셨어.

연상되는 낱말 찾기

다음은 세 낱말을 보고 공통으로 연상되는 낱말을 찾는 문제입니다. 세 낱말과 관련 있는 낱말을 써 보세요.

물	꽃	뿌리다	→	
구하다	신호	경찰	→	
물고기	미끼	잡다	→	

짧은 글짓기

주어진 낱말을 이용하여 보기 와 같은 형식으로 짧은 글을 지어 보세요.

보기　　누가 + 언제 + 무엇을 + 어떻게 했다

호흡	
둘러메다	
돛대	

낱말 쌈 싸 먹기

알쏭달쏭 헷갈리는 맞춤법, 띄어쓰기, 관용어, 한자어가 이제 한입에 쏙!
하루에 한 쪽씩 맛있게 냠냠 해치우자!

맞춤법 다음 문장에서 맞춤법이 **틀린** 낱말을 찾아 바르게 고쳐 써 보세요.

칠판을 지우게로 깨끗이 지워라.   (   ) → (   )

띄어쓰기 주어진 두 문장 중 하나에는 띄어쓰기가 틀린 부분이 있습니다. 둘 중 바르게 띄어쓰기를 한 문장을 찾아서 ○표 하세요.

㉮ 몸이 자꾸 **기우뚱기우뚱** 움직였습니다.   ㉯ 몸이 자꾸 **기우뚱 기우뚱** 움직였습니다.

도움말 '물체가 자꾸 이쪽저쪽으로 기울어지며 흔들리는 모양'을 뜻하는 낱말입니다.

관용어 ☐ 안에 낱말을 넣어서 그림 속 상황과 어울리는 속담이나 격언 등을 만들어 보세요.

길을 잃었으니 어떡해! 훌쩍.

울지 마, 어떻게 할지 침착하게 잘 생각해 보자.

☐☐☐에게 물려 가도
☐☐만 차리면 산다

한자어 글의 의미에 맞게 ☐ 안에 들어갈 알맞은 사자성어를 **보기**에서 찾아 써 보세요.

할머니께서는 전쟁이 끝나도 돌아오지 않는 할아버지를 ☐☐☐☐으로 기다리셨다.

보기   • 일편단심(一片丹心)   • 일취월장(日就月將)   • 일거양득(一擧兩得)

한글 맞춤법 알아보기

공습국어 어휘력의 낱말 쌈 싸먹기 꼭지에서는 맞춤법과 띄어쓰기, 그리고 관용어와 관련된 문제를 풀게 됩니다. 그런데 맞춤법이나 띄어쓰기의 경우 미리 약속한 규칙이 있어서 이를 잘 알지 못하면 문제를 풀기 쉽지 않습니다. 따라서 문제를 풀기 전에 맞춤법과 띄어쓰기에 관련하여 약속된 규칙을 꼼꼼히 살펴보는 것이 필요합니다.

한글 맞춤법 알아보기에서는 국립국어원의 한글 맞춤법과 표준어 규정 중에서 낱말 쌈 싸먹기의 맞춤법과 띄어쓰기에 나오는 낱말에 해당하는 규칙들을 살펴 볼 것입니다. 문법 용어나 설명하는 내용이 다소 어렵게 느껴지겠지만 문제를 풀기 위해서 꼭 알아두어야 할 규칙이므로 자주 읽어보면서 머릿속에 기억해 두기 바랍니다.

★ 맞춤법과 띄어쓰기와 관련된 용어 및 설명은 국립국어원 홈페이지(www.korean.go.kr)의 어문 규정을 따랐음을 밝힙니다. 아울러 지면상 본 교재에서 다루지 못한 부분이나 맞춤법과 띄어쓰기에 관련된 좀 더 자세한 정보는 국립국어원 홈페이지를 참고해 주시기 바랍니다.

한글 맞춤법의 기본 원칙

한글 맞춤법 총칙 1장 1항에 보면 '한글 맞춤법은 표준어를 소리대로 적되, 어법에 맞도록 함을 원칙으로 한다.' 라고 되어 있습니다. 우리말은 표음문자, 즉 말소리를 그대로 기호로 나타낸 문자이기 때문에 소리대로 글자를 적지만 모든 낱말을 소리대로 적을 수는 없습니다. 왜냐하면 우리말에는 소리가 비슷한 낱말들이 많이 있고 같은 글자라도 어떤 글자와 결합하느냐에 따라 소리가 달라져서 소리대로 적을 경우 그 뜻을 분간하기 어렵기 때문입니다. 꽃을 예를 들어 설명해 볼까요?

> • 꽃이 ➡ 꼬치　　　　• 꽃나무 ➡ 꼰나무　　　　• 꽃밭 ➡ 꼳빧

위와 같이 소리대로 적으면 '꽃' 이라고 하는 원래 모양이 사라져 버리고 글자 모양도 매번 달라져서 뜻을 파악하기가 매우 불편해 집니다. 그래서 소리대로 적긴 하지만 원래 모양을 밝혀 적어야 함을 원칙으로 세운 것입니다.

그럼 맞춤법에 맞게 글을 쓰기 위해 알아 두어야 할 몇 가지 규칙을 살펴볼까요?

● 된소리가 나지만 된소리로 적지 않는 경우

된소리는 'ㄲ, ㄸ, ㅃ, ㅆ, ㅉ'으로 발음되는 소리입니다. 다음은 된소리가 나지만 된소리로 적지 않는 경우입니다.

> • 국수(○), 국쑤(×)　　　• 깍두기(○), 깍뚜기(×)　　　• 갑자기(○), 갑짜기(×)
> • 법석(○), 법썩(×)　　　• 뚝배기(○), 뚝빼기(×)　　　• 납작하다(○), 납짝하다(×)
> • 떡볶이(○), 떡뽁끼(×)　　• 몹시(○), 몹씨(×)　　　　• 거꾸로(○), 꺼꾸로(×)
> • 고깔(○), 꼬깔(×)　　　• 눈곱(○), 눈꼽(×)　　　　• 돌부리(○), 돌뿌리(×)

● 예사소리가 아니라 된소리나 거센 소리로 적어야 하는 경우

된소리나 거센 소리로 적어야 하는 낱말 중 예사소리로 적는 것으로 잘못 알고 있는 경우가 있습니다. 다음은 된소리로 적어야 하는 낱말입니다.

> • 나무꾼(○), 나뭇군(×)　　• 날짜(○), 날자(×)　　　• 살코기(○), 살고기(×)
> • 눈썹(○), 눈섶(×)　　　• 머리카락(○), 머리가락(×)　• 수탉(○), 수닭(×)
> • 팔꿈치(○), 팔굼치(×)

● ㅈ, ㅊ'으로 소리가 나도 'ㄷ, ㅌ'으로 적는 경우

'ㄷ, ㅌ' 받침이 있는 글자 다음에 '이'나 '히'가 와서 'ㅈ, ㅊ'으로 소리가 나더라도 'ㄷ, ㅌ'으로 적습니다.

- 해돋이(O), 해도지(×)   • 끝이(O), 끄치(×)   • 닫히다(O), 다치다(×)

● 한자어의 첫소리가 'ㄴ, ㄹ'일 때 'ㅇ'으로 적는 경우

한자음 '녀, 뇨, 뉴, 니'가 낱말의 첫머리에 올 적에는, '여, 요, 유, 이'로 적습니다. 또한 한자음 '랴, 려, 례, 료, 류, 리'가 낱말의 첫머리에 올 때에도, '야, 여, 예, 요, 유, 이'로 적습니다.

- 여자(O), 녀자(×)   • 연세(O), 년세(×)   • 요소(O), 뇨소(×)
- 양심(O), 량심(×)   • 역사(O), 력사(×)   • 예의(O), 례의(×)

● 한자어의 첫소리가 'ㄹ'일 때 'ㄴ'으로 적는 경우

한자음 '라, 래, 로, 뢰, 루, 르'가 단어의 첫머리에 올 적에는, '나, 내, 노, 뇌, 누, 느'로 적습니다.

- 낙원(O), 락원(×)   • 내일(O), 래일(×)   • 노동(O), 로동(×)

● 받침소리가 원래 글자와 다른 경우

우리말 받침소리는 'ㄱ, ㄴ, ㄷ, ㄹ, ㅁ, ㅂ, ㅇ'의 7개 자음만 발음하지만 받침에는 쌍자음을 비롯하여 모든 자음을 쓸 수 있습니다. 따라서 소리 나는 대로 받침을 적을 경우 틀릴 수 있으니 주의해야 합니다.

- 곶감(O), 곧깜(×)   • 갓길(O), 갇낄(×)   • 곳간(O), 곧깐(×)
- 깎다(O), 깍따(×)   • 꺾다(O), 꺽따(×)   • 닦다(O), 닥따(×)
- 굶다(O), 굼따(×)   • 넓다(O), 널따(×)   • 무릎(O), 무릅(×)
- 옛날(O), 옌날(×)   • 풀잎(O), 풀입(×)   • 넋두리(O), 넉두리(×)
- 여덟(O), 여덜(×)   • 이튿날(O), 이튼날(×)   • 싫증(O), 실쯩(×)
- 부엌(O), 부억(×)

● **발음이 비슷하여 잘못 쓰기 쉬운 경우 1**

모음 'ㅔ'와 'ㅐ', 그리고 'ㅖ'는 소리를 구별하기 어려워 잘못 쓰기 쉽습니다.

- 가게(O), 가개(×)
- 핑계(O), 핑게(×)
- 게양(O), 계양(×)
- 어깨(O), 어께(×)
- 돌멩이(O), 돌맹이(×)
- 메밀국수(O), 매밀국수(×)
- 메뚜기(O), 매뚜기(×)
- 절레절레(O), 절래절래(×)
- 휴게실(O), 휴계실(×)
- 지게(O), 지개(×)
- 수수께끼(O), 수수깨끼(×)
- 찌개(O), 찌게(×)
- 게시판(O), 계시판(×)
- 배게(O), 배개(×)
- 지우개(O), 지우게(×)
- 술래잡기(O), 술레잡기(×)

● **발음이 비슷하여 잘못 쓰기 쉬운 경우 2**

모음 'ㅣ'와 'ㅢ'는 소리를 구별하기 어려워 잘못 쓰기 쉽습니다.

- 무늬(O), 무니(×)

● **한 낱말 안에서 같은 음절이나 비슷한 음절이 겹쳐 나는 경우**

한글 맞춤법에서는 낱말 안에서 같은 음절이나 비슷한 음절이 겹쳐 나면 같은 글자로 적습니다. 예를 들어 '딱따구리'는 'ㄸ' 음이 한 낱말에서 겹쳐나기 때문에 '딱다구리'라고 쓰지 않습니다.

- 짭짤하다(O), 짭잘하다(×)
- 똑딱똑딱(O), 똑닥똑닥(×)
- 씁쓸하다(O), 씁슬하다(×)
- 꼿꼿하다(O), 꼿곳하다(×)
- 씩씩하다(O), 씩식하다(×)
- 밋밋하다(O), 민밋하다(×)

● **'-장이'로 쓰는 경우와 '-쟁이'로 쓰는 경우**

기술자를 뜻할 때는 '-장이'로, 그 외에는 '-쟁이'로 써야 합니다.

- 멋쟁이(O), 멋장이(×)
- 미장이(O), 미쟁이(×)
- 개구쟁이(O), 개구장이(×)
- 대장장이(O), 대장쟁이(×)
- 난쟁이(O), 난장이(×)
- 겁쟁이(O), 겁장이(×)

● **의성어와 의태어에서 모음조화 현상을 따르지 않는 경우**

모음을 구분할 때 'ㅏ, ㅗ' 따위를 양성 모음이라고 하고, 'ㅓ, ㅜ' 따위를 음성 모음이라고 합니다. 모음조화란 양성 모음은 양성 모음끼리, 음성 모음은 음성 모음끼리 어울리는 현상을 말합니다. '얼룩덜룩', '알록달록'과 같이 소리나 모양을 흉내 낸 의성어와 의태어의 경우는 모음조화의 원칙에 따라 낱말을 적습니다. 하지만 모음조화 현상을 따르지 않는 예외도 있습니다. 이 예외적인 경우 이외에는 모음조화 현상에 따라 의성어와 의태어를 써야 합니다.

- 오순도순(O), 오손도손(×)　　　- 깡충깡충(O), 깡총깡총(×)　　　- 소꿉장난(O), 소꼽장난(×)

● **발음에 변화가 일어나 새롭게 정한 표준어**

원래는 둘 다 표준어였지만 자음이나 모음의 발음에 변화가 일어나 하나만 둘 중 하나만 표준어가 된 경우가 있습니다. 표준어와 비표준어를 혼동하지 않도록 주의 합니다.

- 강낭콩(O), 강남콩(×)	- 며칠(O), 몇일(×)	- 맞추다(O), 마추다(×)
- 부딪치다(O), 부딪히다(×)	- 상추(O), 상치(×)	- 설거지(O), 설겆이(×)
- 빈털터리(O), 빈털털이(×)	- 삐치다(O), 삐지다(×)	- 삼수갑산(O), 산수갑산(×)
- 숟가락(O), 숫가락(×)	- 사글세(O), 삯월세(×)	- 수퇘지(O), 숫돼지(×)
- 짜깁기(O), 짜집기(×)	- 자장면(O), 짜장면(×)	- 우레(O), 우뢰(×)
- 무(O), 무우(×)	- 김치 소(O), 김치 속(×)	- 멀리뛰기(O), 넓이뛰기(×)
- 내로라하다(O), 내노라하다(×)	- 뒤꼍(O), 뒤켠(×)	- 밭다리(O), 밧다리(×)
- 서슴지(O), 서슴치(×)	- 넉넉지(O), 넉넉치(×)	- 수평아리(O), 숫평아리(×)
- 셋째(O), 세째(×)	- 수탉(O), 숫닭(×)	- 암캐(O), 암개(×)
- 없음(O), 없슴(×)	- 엊그저께(O), 엇그저께(×)	- 어쨌든(O), 여쨌든(×)
- 할게(O), 할께(×)	- 해님(O), 햇님(×)	- 예쁘다(O), 이쁘다(×)
- 구절(O), 귀절(×)	- 끼어들다(O), 끼여들다(×)	- 할인(O), 활인(×)
- 미숫가루(O), 미싯가루(×)	- 트림(O), 트름(×)	- 장구(O), 장고(×)
- 홀아비(O), 홀애비(×)	- 쌍둥이(O), 쌍동이(×)	

● **뜻을 구별하여 사용해야 하는 낱말**

우리말에는 뜻은 다른데 글자나 발음이 비슷한 낱말이나 둘 이상의 낱말이 비슷한 뜻을 가져서 어떤 낱말을 사용해야 할지 애매한 경우가 많이 있습니다.

- 걸음 : '걷다'의 명사형 / 거름 : 땅을 기름지게 하는 물질
- 바라다 : 그렇게 되었으면 하고 생각하다. / 바래다 : 색이 바래다. 또는 배웅하다.
- 얼음 : 물이 굳은 것 / 어름 : 구역과 구역의 경계점
- 웃옷 : 겉에 입는 옷 / 윗옷 : 위에 입는 옷
- 장사 : 물건을 파는 일 / 장수 : 장사하는 사람
- 짖다 : 소리를 내다. / 짓다 : 무엇을 만들다.
- 가리키다 : 방향이나 대상을 알리다. / 가르치다 : 지식이나 기능을 알게 하다.
- 다르다 : 서로 같지 않다. / 틀리다 : 그르거나 어긋나다.
- 반듯이 : 굽지 않고 바르다. / 반드시 : 틀림없이, 꼭
- 부치다 : 편지나 물건 등을 보내다. / 붙이다 : 떨어지지 않게 하다.
- 잊어버리다 : 생각이 나지 않다. / 잃어버리다 : 물건이 없어져 갖고 있지 않다.
- 늘리다 : 커지거나 많게 되다. / 늘이다 : 원래보다 더 길게 하다.
- 돋구다 : 안경의 도수 따위를 높이다. / 돋우다 : 위로 올려 도드라지거나 높아지게 하다.
- 댕기다 : 불이 옮아 붙다. / 당기다 : 마음이나 몸이 끌리다.
- 다리다 : 다리미로 옷을 문지르다. / 달이다 : 액체 따위를 끓여서 진하게 만들다.
- 비치다 : 빛을 받아 모양이 나타나 보이다. / 비추다 : 빛을 다른 대상이 받게 하다.
- 빌다 : 간청하거나 호소하다. / 빌리다 : 남의 물건이나 돈을 얼마 동안 쓰다.
- 살지다 : 살이 많고 튼실하다. / 살찌다 : 몸에 살이 필요 이상으로 많아지다.
- 벌이다 : 일 따위를 시작하거나 펼쳐 놓다. / 벌리다 : 둘 사이를 넓히거나 멀게 하다.

띄어쓰기의 기본 원칙

한글 맞춤법 1장 2항에 의하면 '문장의 각 단어는 띄어 씀을 원칙으로 한다.'고 되어 있습니다. 그렇다고 모든 낱말을 띄어서 쓰는 것은 아닙니다. '나는 학생입니다.'라는 문장을 보면 '나'와 '는'은 각각 다른 낱말이지만 붙여 쓴 걸 알 수 있습니다. 두 낱말은 붙여 쓴 것은 '는'이 독자적인 의미를 갖고 있지 않기 때문입니다.

이처럼 낱말을 붙여 쓸 때도 있기 때문에 띄어쓰기는 항상 헷갈리지만 몇 가지 규칙을 기억해 두면 띄어쓰기에 대해 자신감을 가질 수 있을 것입니다.

● 조사는 그 앞말에 붙여 쓴다

낱말은 명사(이름씨), 동사(움직씨), 형용사(그림씨), 부사(어찌씨), 조사 등과 같이 품사에 따라 구분할 수 있는데, 조사는 독자적인 의미가 없이 명사 뒤에 붙어 명사를 주어, 목적어, 서술어 등으로 만드는 기능적 역할을 담당합니다.

~까지	학교**까지**		~치고	양반**치고**		~밖에	너**밖에**
~같이	사자**같이**		~(이)든지	누구**든지**		~대로	이**대로**
~더러	누구**더러**		~조차	너**조차**		~에설랑	바다**에설랑**
~처럼	처음**처럼**		~보다	양**보다**		~마따나	말**마따나**
~한테	삼촌**한테**		~(은)커녕	짐승은**커녕**		~마다	사람**마다**
~마저	엄마**마저**		~(이)나마	조금**이나마**		~라야만	너**라야만**

● 의존 명사는 앞말과 띄어 쓴다

의존 명사는 다른 명사에 기대어 쓰는 형식적인 낱말로 조사와 비슷하지만 명사의 성격을 갖고 있기 때문에 조사와는 달리 앞말에 붙여 쓰지 않고 띄어 씁니다. 띄어쓰기를 틀리는 대부분의 경우를 보면 어떤 낱말을 접했을 때 이것이 의존명사인지 아닌지 헷갈려하기 때문입니다. 따라서 의존명사를 확실히 알아두는 것이 띄어쓰기를 잘하는 지름길입니다.

단위나 수량을 나타내는 의존명사							
개	한 **개**, 두 **개**	분	한 **분**, 어떤 **분**	자루	연필 한 **자루**
줄	한 **줄**, 두 **줄**	마리	닭 한 **마리**	다발	꽃 한 **다발**
그루	나무 한 **그루**	켤레	신발 한 **켤레**	방	홈런 한 **방**
근	돼지고기 한 **근**	채	집 한 **채**	포기	풀 한 **포기**

단위나 수량을 나타내는 의존명사

모금	물 한 **모금**	주먹	한 **주먹**	톨	밤 한 **톨**
가지	한 **가지**, 몇 **가지**	척	배 한 **척**	벌	옷 한 **벌**
살	아홉 **살**, 열 **살**	대	차 한 **대**	장	종이 한 **장**

꾸며주는 말 뒤에서 쓰이는 의존명사

지	떠난 **지**	쪽	어느 **쪽**	차	가려던 **차**
만큼	노력한 **만큼**	양	바보인 **양**	터	내일 갈 **터**
채	모르는 **채**	수	이럴 **수**가	만	좋아할 **만**도
척	아는 **척**	데	사는 **데**	자	맞설 **자**가
바	뜻한 **바**	이	아는 **이**	것	어느 **것**
대로	느낀 **대로**	쪽	가까운 **쪽**	분	착한 **분**
탓	게으른 **탓**	듯	자는 **듯**	체	잘난 **체**
줄	그럴 **줄**	딴	제 **딴**에는	나위	더할 **나위**
따름	웃을 **따름**	뿐	보낼 **뿐**	둥	하는 **둥**
때문	너 **때문**	뻔	다칠 **뻔**	따위	너 **따위**
리	그럴 **리**가	나름	하기 **나름**		

두 말을 이어주거나 열거하는 의존명사

등	국어, 수학, 영어 **등**	대	청군 **대** 백군	내지	열 **내지** 스물
겸	차장 **겸** 팀장	및	선생님 **및** 학부모님	등지	광주, 대구 **등지**

호칭이나 관직과 관련된 의존명사

군	홍길동 **군**	박사	아인슈타인 **박사**	씨	이몽룡**씨**

기타 의존명사

편	기차 **편**	통	난리 **통**

● **접사는 낱말의 앞이나 뒤에 붙여 쓴다**

접사는 홀로 쓰이지 않고 다른 낱말의 앞에 붙어서 새로운 뜻을 가진 낱말을 만드는 역할을 합니다. 낱말의 앞에 붙을 때는 접두사라고 하고, 뒤에 붙을 때는 접미사라고 합니다. 접사 중에는 관형사나 의존명사와 비슷한 글자가 많아 띄어쓰기를 틀리는 경우가 많으므로 잘 기억해 두세요.

맏	**맏**며느리	맨	**맨**발	풋	**풋**고추
한	**한**가운데	웃	**웃**어른	늦	**늦**더위
날	**날**고기	덧	**덧**버선	햇	**햇**과일
민	**민**소매	개	**개**꿈	돌	**돌**미역
맞	**맞**대결	설	**설**익다	강	**강**타자
홑	**홑**이불	새	**새**까맣다	선	**선**무당
헛	**헛**수고	알	**알**거지	맞	**맞**절
핫	**핫**바지	처	**처**먹다	짝	**짝**사랑
막	**막**노동	엿	**엿**듣다	질	걸레**질**
내	겨우**내**	꾼	구경**꾼**	둥이	귀염**둥이**
뱅이	가난**뱅이**	광	농구**광**	치	중간**치**

● **둘 이상의 낱말이 결합하여 붙여 쓰는 합성명사**

명사와 명사가 결합하여 새로운 뜻을 가진 하나의 낱말이 되는 경우 두 낱말을 띄어 쓰지 않고 붙여 씁니다.

겉+모양	겉모양	길+바닥	길바닥	단풍+잎	단풍잎
그림+일기	그림일기	가을+밤	가을밤	말+없이	말없이
기와+집	기와집	꽃+가루	꽃가루	돌+잔치	돌잔치
몸+무게	몸무게	돼지+고기	돼지고기	말+버릇	말버릇
불+장난	불장난	고기잡이+배	고기잡이배	단발+머리	단발머리
막내+딸	막내딸	아침+밥	아침밥	웃음+바다	웃음바다
새끼+손가락	새끼손가락	단골+손님	단골손님	봄+빛	봄빛
밥+상	밥상	호박+엿	호박엿	송이+버섯	송이버섯
비+바람	비바람	바늘+구멍	바늘구멍	밥+그릇	밥그릇
묵+사발	묵사발	조각+구름	조각구름	물+장수	물장수

● 둘 이상의 동사가 결합하여 붙여 쓰는 복합동사

동사와 동사가 결합하여 새로운 뜻을 가진 하나의 낱말이 되는 경우 두 낱말을 띄어 쓰지 않고 붙여 씁니다.

가지다+가다	가져가다	걷다+가다	걸어가다	쫓기다+나다	쫓겨나다
구르다+가다	굴러가다	뛰다+다니다	뛰어다니다	올리다+놓다	올려놓다
찾다+보다	찾아보다	고맙다+하다	고마워하다	바라다+보다	바라보다
내리다+오다	내려오다	즐겁다+하다	즐거워하다	잡다+먹다	잡아먹다
따르다+가다	따라가다	기다+가다	기어가다	솟다+나다	솟아나다
하다+나다	해내다	무섭다+하다	무서워하다	달리다+가다	달려가다
벗다+나다	벗어나다	잡다+당기다	잡아당기다	그립다+하다	그리워하다
데리다+가다	데려가다	내리다+놓다	내려놓다	모이다+들다	모여들다
얻다+먹다	얻어먹다	뛰다+가다	뛰어가다	깨다+나다	깨어나다
잡다+가다	잡아가다	물리다+나다	물러나다	쫓다+가다	쫓아가다
튀다+나오다	뛰어나오다	돌다+가다	돌아가다	뛰다+나가다	뛰쳐나가다
스미다+들다	스며들다	거들뜨다+보다	거들떠보다		

공습국어 초등어휘

정답과 해설

1·2학년   심화 II

주니어김영사

01회 | 16~18쪽

낱말은 쏙쏙! 생각은 쑥쑥!

★ 그림으로 낱말 찾기 ★
❶ 복판 ❷ 새싹 ❸ 평생 ❹ 꿩 ❺ 논두렁

★ 낱말 뜻 알기 ★
❶ 곡식, 단위 ❷ 논, 도랑 ❸ 가장자리 ❹ 장소, 가운데
❺ 국수, 국물

★ 낱말 친구 사총사 ★
❷

해설 ❶, ❸, ❹에 쓰인 '말'은 '곡식이나 액체, 가루 등의 양을 재는 단위'로 사용되었고, ❷에 쓰인 '말'은 '음성 기호로 생각이나 느낌을 표현하고 전달하는 행위'라는 뜻으로 사용되었습니다.

★ 연상되는 낱말 찾기 ★
새싹, 꿩, 말다

★ 짧은 글짓기 ★
• 예 그들은 교회에서 평생 동안 봉사를 했다.
• 예 농부가 논두렁에서 콧노래를 불렀다.
• 예 나는 집 마당의 복판에 나무를 심었다.

낱말 쌈 싸 먹기

★ 맞춤법 ★
개구쟁이

해설 '개구쟁이'는 '개구장이'로 잘못 쓰기 쉬운 말입니다. 기술자에게는 '-장이', 그 외에는 '-쟁이'가 붙는 형태를 표준어로 삼기 때문에 바르게 기억하여 둡니다.

★ 띄어쓰기 ★
㉯

해설 '척'은 배를 세는 단위로, 앞말과 띄어 씁니다.

★ 관용어 ★
도둑, 발

해설 그림은 아이가 시험을 망치고서 엄마에게 야단맞을까 봐 숙제를 열심히 한 상황을 표현하고 있습니다. 이런 상황과 어울리는 속담에는 '도둑이 제 발 저리다'가 있습니다. '도둑이 제 발 저리다'는 '지은 죄가 있으면 자연히 마음이 조마조마하여짐을 비유적으로 이르는 말'이라는 뜻을 갖고 있습니다.

★ 한자어 ★
學校(학교), 先生(선생)

02회 | 20~22쪽

낱말은 쏙쏙! 생각은 쑥쑥!

★ 그림으로 낱말 찾기 ★
❶ 세다 ❷ 묶음 ❸ 비교 ❹ 낱개 ❺ 맞히다

★ 낱말 뜻 알기 ★
❶ 여럿 ❷ 사람, 법칙 ❸ 덩이, 단위 ❹ 사물
❺ 실물, 물건

★ 낱말 친구 사총사 ★
❸

해설 '셀 수 없이'는 '매우 많이 혹은 무수히'라는 뜻으로 사용됩니다.

★ 연상되는 낱말 찾기 ★
규칙, 묶음, 맞히다

★ 짧은 글짓기 ★
• 예 나는 저녁 때 손바닥 크기만 한 단풍잎을 주웠다.
• 예 진우는 어제 연필을 낱개로 샀다.
• 예 엄마는 그저께 나와 언니의 시험 성적을 비교하셨다.

낱말 쌈 싸 먹기

★ 맞춤법 ★
강남콩 → 강낭콩

해설 '강낭콩'은 '강남콩'으로 잘못 쓰기 쉬운 말입니다. '강낭콩'과 같이 어원에서 멀어진 형태로 굳어져서 널리 쓰이는 것이 표준어가 되는 경우가 많이 있으므로 바르게 기억하여 둡니다.

★ 띄어쓰기 ★
㉮

해설 '날'은 '말리거나 익히거나 가공하지 않은'의 뜻을 더하는 말로, 뒷말과 붙여 씁니다.

★ 관용어 ★
똥, 겨

해설 그림은 동생보다 더 지저분한 형이 동생에게 씻으라고 잔소리하는 상황을 표현하고 있습니다. 이런 상황과 어울리는 속담에는 '똥 묻은 개가 겨 묻은 개 나무란다'가 있습니다. '똥 묻은 개가 겨 묻은 개 나무란다'는 '자기는 더 큰 흉이 있으면서 도리어 남의 작은 흉을 본다는 말'이라는 뜻을 갖고 있습니다.

★ 한자어 ★
풍전등화(風前燈火)

해설 • 풍전등화(風前燈火) : 바람 앞의 등불이라는 뜻으로, 사물이 매우 위태로운 처지에 놓여 있음을 비유적으로 이르는 말.

- 칠전팔기(七顚八起) : 일곱 번 넘어지고 여덟 번 일어난다는 뜻으로, 여러 번 실패하여도 굴하지 않고 꾸준히 노력함을 이르는 말.
- 백발백중(百發百中) : 백 번 쏘아 백 번 맞힌다는 뜻으로, 무슨 일이나 틀림없이 잘 들어맞음을 뜻하는 말.

'구름같이 모여들다' 가 있습니다. '구름같이 모여들다' 는 '한꺼번에 많이 모여들다.' 라는 뜻을 갖고 있습니다.

★ 한자어 ★

生日(생일), 世上(세상)

03회 | 24~26쪽

★ 그림으로 낱말 찾기 ★

❶ 학급문고 ❷ 정돈 ❸ 일어나다 ❹ 떠들다 ❺ 깨우다

★ 낱말 뜻 알기 ★

❶ 시각(시간), 도착 ❷ 어지럼, 정리 ❸ 시끄럼, 소리
❹ 목적 ❺ 학급

★ 낱말 친구 사총사 ★

❶

해설 ❷, ❸, ❹에 쓰인 '일어나, 일어났더니' 는 '잠에서 깨어나다.' 라는 뜻으로 사용되었고, ❶에 쓰인 '일어났어' 는 '자연이나 인간 따위에게 어떤 현상이 발생하다.' 라는 뜻으로 사용되었습니다.

★ 연상되는 낱말 찾기 ★

지각, 정돈, 떠들다

★ 짧은 글짓기 ★

- 예 엄마가 아침 8시에 나를 흔들어 깨우셨다.
- 예 민철이는 청소 시간에 학급문고를 정리했다.
- 예 주영이는 오후에 신발을 가지런히 정리했다.

낱말 쌈 싸 먹기

★ 맞춤법 ★

게양

해설 'ㅔ' 가 들어가는 글자는 혼동하기 쉽습니다. 'ㅔ' 를 'ㅖ' 로 잘못 쓰지 않도록 주의합니다.

★ 띄어쓰기 ★

㉮

해설 '꽃가루' 는 '꽃' 과 '가루' 가 하나로 합쳐져서 쓰이는 낱말입니다.

★ 관용어 ★

구름

해설 그림은 문방구에서 하루 동안 공짜로 물건을 주자, 어린이들이 많이 모여든 상황을 표현하고 있습니다. 이런 상황과 어울리는 관용구에는

04회 | 28~30쪽

★ 그림으로 낱말 찾기 ★

❶ 본뜨기 ❷ 도장 ❸ 맞추다 ❹ 달라지다 ❺ 늘어놓다

★ 낱말 뜻 알기 ★

❶ 경로(경과) ❷ 본보기, 그대로 ❸ 부분, 제자리
❹ 목적, 기능 ❺ 이름, 문서

★ 낱말 친구 사총사 ★

❹

해설 ❶, ❷, ❸에 쓰인 '도장' 은 '일정한 표적으로 삼기 위하여 개인, 단체, 관직 따위의 이름을 나무, 뼈, 뿔 따위에 새겨 문서에 찍도록 만든 물건' 이라는 뜻으로 사용되었고, ❹에 쓰인 '도장' 은 '무예를 닦는 곳' 이라는 뜻으로 사용되었습니다.

★ 연상되는 낱말 찾기 ★

사진, 본뜨기, 달라지다

★ 짧은 글짓기 ★

- 예 지훈이는 벼룩시장에서 작아진 옷들을 늘어놓고 팔았다.
- 예 나는 집에 오자마자 컴퓨터를 사용했다.
- 예 선생님은 운동장에서 학생들을 청군과 백군으로 나누셨다.

낱말 쌈 싸 먹기

★ 맞춤법 ★

꺼꾸로 → 거꾸로

해설 '거꾸로' 는 '꺼꾸로' 로 잘못 쓰기 쉬운 말입니다. 된소리로 표기해야 할 낱말과 예사소리로 표기할 낱말은 틀리기 쉬우므로 바르게 기억하여 둡니다.

★ 띄어쓰기 ★

㉯

해설 '기어가다' 는 '어떤 곳을 기어서 가다.' 라는 뜻으로, 붙여서 하나의 낱말로 씁니다.

★ 관용어 ★

떡, 김칫국

해설 그림은 엄마는 생일에 게임기를 사 줄 생각이 없는데 자기 혼자 게임기로 게임할 생각을 하는 상황을 표현하고 있습니다. 이런 상황과 어울리는 속담에는 '떡 줄 사람은 꿈도 안 꾸는데 김칫국부터 마신다'가 있습니다. '떡 줄 사람은 꿈도 안 꾸는데 김칫국부터 마신다'는 '해 줄 사람은 생각지도 않는데 미리부터 다 된 일로 알고 행동한다는 말'이라는 뜻을 갖고 있습니다.

★ 한자어 ★

난형난제(難兄難弟)

해설
• 난형난제(難兄難弟) : 누구를 형이라 하고 누구를 아우라 하기 어렵다는 뜻으로, 두 사물이 비슷하여 낫고 못함을 정하기 어려움을 이르는 말.
• 금상첨화(錦上添花) : 비단 위에 꽃을 더한다는 뜻으로, 좋은 일 위에 또 좋은 일이 더하여짐을 비유적으로 이르는 말.
• 오합지졸(烏合之卒) : 까마귀가 모인 것처럼 질서가 없이 모인 병졸이라는 뜻으로, 임시로 모여들어서 규율이 없고 무질서한 병졸 또는 군중을 이르는 말.

05회 | 32~34쪽

낱말은 쏙쏙! 생각은 쑥쑥!

★ 그림으로 낱말 찾기 ★
❶ 협동 ❷ 더럽다 ❸ 봉우리 ❹ 보따리 ❺ 장터

★ 낱말 뜻 알기 ★
❶ 뾰족 ❷ 둘레 ❸ 마음, 하나 ❹ 시간, 지난
❺ 찌꺼기, 지저분

★ 낱말 친구 사총사 ★
❹

해설 ❶, ❷, ❸에 쓰인 '먼저-나중, 가장자리-가운데, 무겁다-가볍다'는 그 뜻이 서로 정반대되는 말이지만, ❹에 쓰인 '더럽다-지저분하다'는 그 뜻이 서로 비슷한 말입니다.

★ 연상되는 낱말 찾기 ★
봉우리, 보따리, 장터

★ 짧은 글짓기 ★
• **예** 우리 식구는 일요일 아침 이웃 사람들과 협동하여 동네를 청소했다.
• **예** 누나와 나는 방과 후에 장터에서 맛있는 시루떡을 사 먹었다.
• **예** 진우는 체육 수업이 끝난 후에 더러운 손을 깨끗이 씻었다.

낱말 쌈 싸 먹기

★ 맞춤법 ★

고깔

해설 '고깔'은 '꼬깔'로 잘못 쓰기 쉬운 말입니다. 된소리로 표기해야 할 낱말과 예사소리로 표기할 낱말은 틀리기 쉬우므로 바르게 기억하여 둡니다.

★ 띄어쓰기 ★
㉮

해설 '매일매일'은 '매일'을 강조하여 이르는 말로, 붙여서 하나의 낱말로 씁니다.

★ 관용어 ★

우물

해설 그림은 수건이 필요한 아이가 동생이 수건을 갖다 주지 않자 직접 수건을 가지러 가는 상황을 표현하고 있습니다. 이런 상황과 어울리는 속담에는 '목마른 놈이 우물 판다'가 있습니다. '목마른 놈이 우물 판다'는 '제일 급하고 일이 필요한 사람이 그 일을 서둘러 하게 되어 있다는 말'이라는 뜻을 갖고 있습니다.

★ 한자어 ★

英語(영어), 工夫(공부)

06회 | 36~38쪽

낱말은 쏙쏙! 생각은 쑥쑥!

★ 그림으로 낱말 찾기 ★
❶ 꼭짓점 ❷ 사각형 ❸ 선분 ❹ 원 ❺ 직선 ❻ 삼각형

★ 낱말 뜻 알기 ★
❶ 사이, 연결, 양쪽 ❷ 직선 ❸ 선분, 평면 ❹ 이루
❺ 선분

★ 낱말 친구 사총사 ★
❹

해설 ❶, ❷, ❸에 쓰인 '쌓기, 쌓았어'는 '물건을 차곡차곡 포개어 얹어서 구조물을 이루다.'라는 뜻으로 사용되었고, ❹에 쓰인 '쌓았어'는 '경험, 기술, 업적, 지식 따위를 거듭 익혀 많이 이루다.'라는 뜻으로 사용되었습니다.

★ 연상되는 낱말 찾기 ★
삼각형, 원, 사각형

★ 짧은 글짓기 ★

- 예 나는 삼각형에서 꼭짓점의 수를 세어 보았다.
- 예 선생님께서 선분에 관한 문제를 내셨다.
- 예 창수는 긴 직선을 그렸다.

★ 맞춤법 ★
거름 → 걸음

해설 '걸음'은 '거름'으로 잘못 쓰기 쉬운 말이기 때문에 바르게 기억하여 둡니다.

★ 띄어쓰기 ★
㉮

해설 '밖에'는 조사로, 앞말에 붙여 씁니다.

★ 관용어 ★
귀

해설 그림은 친구들이 자기 이야기를 하는 것을 아이가 느끼는 상황을 표현하고 있습니다. 이런 상황과 어울리는 관용구에는 '귀가 가렵다'가 있습니다. '귀가 가렵다'는 '남이 제 말을 한다고 느끼다.'라는 뜻을 갖고 있습니다.

★ 한자어 ★
청출어람(靑出於藍)

해설
- 청출어람(靑出於藍) : 쪽에서 뽑아낸 푸른 물감이 쪽보다 더 푸르다는 뜻으로, 제자나 후배가 스승이나 선배보다 나음을 비유적으로 이르는 말.
- 어부지리(漁夫之利) : 두 사람이 이해관계로 서로 싸우는 사이에 엉뚱한 사람이 애쓰지 않고 가로챈 이익을 이르는 말.
- 결초보은(結草報恩) : 죽은 뒤에라도 은혜를 잊지 않고 갚음을 이르는 말.

07회 | 40~42쪽

★ 그림으로 낱말 찾기 ★
❶ 물통 ❷ 팔레트 ❸ 물레방아 ❹ 문지르다 ❺ 분무기

★ 낱말 뜻 알기 ★
❶ 사람, 맞이 ❷ 빠르기, 박자 ❸ 바퀴, 곡식 ❹ 고체, 표면
❺ 그림물감

★ 낱말 친구 사총사 ★
❹

해설 '장단(을) 맞추다'는 '남의 기분이나 비위를 맞추기 위하여 말이나 행동을 하다.'라는 뜻으로 사용됩니다.

★ 연상되는 낱말 찾기 ★
팔레트, 세제, 물레방아

★ 짧은 글짓기 ★
- 예 엄마와 나는 아빠를 만나기 위해 큰길까지 마중을 나갔다.
- 예 나는 감기 예방을 위해 주사를 맞고 난 뒤 엉덩이를 문질렀다.
- 예 엄마는 소풍을 위해 도시락과 물통을 챙겨 주셨다.

★ 맞춤법 ★
난쟁이

해설 '난쟁이'는 '난장이'로 잘못 쓰기 쉬운 말입니다. 기술자에게는 '-장이', 그 외에는 '-쟁이'가 붙는 형태를 표준어로 삼기 때문에 바르게 기억하여 둡니다.

★ 띄어쓰기 ★
㉮

해설 '돌잔치'는 '돌'과 '잔치'가 하나로 합쳐져서 쓰이는 낱말입니다.

★ 관용어 ★
아버지, 아들

해설 그림은 아버지와 아들이 똑같이 행동하는 상황을 표현하고 있습니다. 이런 상황과 어울리는 속담에는 '그 아버지에 그 아들'이 있습니다. '그 아버지에 그 아들'은 '아들이 여러 면에서 아버지를 닮았을 경우를 이르는 말'이라는 뜻을 갖고 있습니다.

★ 한자어 ★
大王(대왕), 百姓(백성)

08회 | 44~46쪽

★ 그림으로 낱말 찾기 ★
❶ 나루터 ❷ 그물 ❸ 저고리 ❹ 울상 ❺ 쓸다

★ 낱말 뜻 알기 ★
❶ 얼굴 ❷ 친구, 사랑 ❸ 인사, 표정 ❹ 물고기, 노끈
❺ 걱정, 불안

★ 낱말 친구 사총사 ★
❸

해설 ①, ②, ④에 쓰인 '쓸어, 쓸었어'는 '가볍게 쓰다듬거나 문지르다.'라는 뜻으로 사용되었고, ③에 쓰인 '쓸었어'는 '비로 쓰레기 따위를 밀어내거나 한데 모아서 버리다.'라는 뜻으로 사용되었습니다.

★ 연상되는 낱말 찾기 ★
저고리, 나루터, 그물

★ 짧은 글짓기 ★
• 예 준희는 병원에서 울상을 지었다.
• 예 나는 학원에서 친구들과 우애를 돈독히 하였다.
• 예 수진이는 학교에서 심술쟁이 종수를 알은체도 하지 않았다.

 낱말 쌈 싸 먹기

★ 맞춤법 ★
나드리 → 나들이

해설 '나들이'는 '나드리'로 잘못 쓰기 쉬운 말입니다. '나들이'와 같이 동사 뒤에 '-이'가 붙어서 된 말은 그 동사의 원형을 밝히어 적기 때문에 바르게 기억하여 둡니다.

★ 띄어쓰기 ★
㉮

해설 '무슨'은 무엇인지 모르는 일이나 대상, 물건 따위를 물을 때 쓰는 말로, 뒷말과 띄어 씁니다.

★ 관용어 ★
도토리

해설 그림은 두 아이가 서로 자기 키가 더 크다고 우기는 상황을 표현하고 있습니다. 이런 상황과 어울리는 속담에는 '도토리 키 재기'가 있습니다. '도토리 키 재기'는 '정도가 고만고만한 사람끼리 서로 다툼을 이르는 말'이라는 뜻을 갖고 있습니다.

★ 한자어 ★
주마간산(走馬看山)

해설 • 우이독경(牛耳讀經) : 쇠귀에 경 읽기라는 뜻으로, 아무리 가르치고 일러 주어도 알아듣지 못함을 이르는 말.
• 마이동풍(馬耳東風) : 동쪽에서 부는 바람이 말의 귀를 스쳐 간다는 뜻으로, 남의 말을 귀담아듣지 않고 지나쳐 흘려 버림을 이르는 말.
• 주마간산(走馬看山) : 말을 타고 달리며 산천을 구경한다는 뜻으로, 자세히 살피지 않고 대충대충 보고 지나감을 이르는 말.

 낱말은 쏙쏙! 생각은 쑥쑥!

★ 그림으로 낱말 찾기 ★
❶ 단정하다 ❷ 신다 ❸ 실내화 ❹ 풀다 ❺ 뒤축

★ 낱말 뜻 알기 ★
❶ 건물 ❷ 버선 ❸ 주물러 ❹ 사물, 바꾸다 ❺ 차려, 모양

★ 낱말 친구 사총사 ★
②

해설 ①, ③, ④에 쓰인 '풀었어, 풀고'는 '묶이거나 감기거나 얽히거나 합쳐진 것 따위를 그렇지 않은 상태로 되게 하다.'라는 뜻으로 사용되었고, ②에 쓰인 '풀'은 '모르거나 복잡한 문제 따위를 알아내거나 해결하다.'라는 뜻으로 사용되었습니다.

★ 연상되는 낱말 찾기 ★
뒤축, 단정하다, 빨다

★ 짧은 글짓기 ★
• 예 예지는 잠잘 때 편안한 옷차림을 하지 않았다.
• 예 정은이는 설날에 어울리는 한복을 입었다.
• 예 나는 어제 어항의 물을 새로 갈았다.

 낱말 쌈 싸 먹기

★ 맞춤법 ★
달걀

해설 '달걀'은 '닭알'로 잘못 쓰기 쉬운 말입니다. 우리나라의 맞춤법은 소리대로 적되, 어법에 맞도록 함을 원칙으로 하기 때문에 바르게 기억하여 둡니다.

★ 띄어쓰기 ★
㉮

해설 '솟아나다'는 '안에서 밖으로 나오다.'라는 뜻으로, 붙여서 하나의 낱말로 씁니다.

★ 관용어 ★
가슴

해설 그림은 전학 가는 친구에게 추억을 잊지 말라고 말하는 상황을 표현하고 있습니다. 이런 상황과 어울리는 관용구에는 '가슴에 새기다'가 있습니다. '가슴에 새기다'는 '잊지 않게 단단히 마음에 기억하다.'라는 뜻을 갖고 있습니다.

★ 한자어 ★
休日(휴일), 市外(시외)

10회 | 52~54쪽

낱말은 쏙쏙! 생각은 쑥쑥!

★ 그림으로 낱말 찾기 ★
❶ 자명종 ❷ 손뼉 ❸ 망치 ❹ 확성기 ❺ 호루라기

★ 낱말 뜻 알기 ★
❶ 손바닥, 손가락 ❷ 소리, 멀리 ❸ 두드릴 ❹ 마음, 감정
❺ 노력, 한곳

★ 낱말 친구 사총사 ★
❷

해설 '손뼉(을) 치다'는 '어떤 일에 찬성하거나 좋아한다.'는 뜻으로 사용됩니다.

★ 연상되는 낱말 찾기 ★
호루라기, 망치, 자명종

★ 짧은 글짓기 ★
• **예** 선생님께서 조회 시간에 확성기로 안내 방송을 하셨다.
• **예** 나는 아침에 경쾌한 느낌의 음악을 듣는다.
• **예** 유찬이는 한밤중에 개 짖는 소리를 들었다.

낱말 쌈 싸 먹기

★ 맞춤법 ★
날자 → 날짜

해설 '날짜'는 '날자'로 잘못 쓰기 쉬운 말입니다. 된소리로 표기해야 할 낱말과 예사소리로 표기할 낱말은 틀리기 쉬우므로 바르게 기억하여 둡니다.

★ 띄어쓰기 ★
㉮

해설 '요리조리'는 '일정한 방향이 없이 요쪽 조쪽으로'라는 뜻으로, 붙여서 하나의 낱말로 씁니다.

★ 관용어 ★
식후경

해설 그림은 아이들이 배가 고파서 재미있는 동물 쇼도 재미없게 느껴지는 상황을 표현하고 있습니다. 이런 상황과 어울리는 속담에는 '금강산도 식후경'이 있습니다. '금강산도 식후경'은 '아무리 재미있는 일이라도 배가 불러야 흥이 나지 배가 고파서는 아무 일도 할 수 없음을 비유적으로 이르는 말'이라는 뜻을 갖고 있습니다.

★ 한자어 ★
백년대계(百年大計)

해설 • 일편단심(一片丹心) : 한 조각의 붉은 마음이라는 뜻으로, 진심에

서 우러나오는 변치 않는 마음을 이르는 말.
• 일취월장(日就月將) : 날마다 달마다 성장하고 발전한다는 뜻으로, 학업이나 실력이 나날이 다달이 자라거나 발전함을 이르는 말.
• 백년대계(百年大計) : 백 년 동안의 큰 계획이라는 뜻으로, 먼 앞날까지 미리 내다보고 세우는 크고 중요한 계획을 이르는 말.

11회 | 56~58쪽

낱말은 쏙쏙! 생각은 쑥쑥!

★ 그림으로 낱말 찾기 ★
❶ 배턴 ❷ 제기 ❸ 어깨동무 ❹ 발자국 ❺ 탈

★ 낱말 뜻 알기 ★
❶ 운동, 승부 ❷ 발, 모양 ❸ 주자, 주자, 막대기
❹ 어깨, 팔 ❺ 자물쇠, 사용

★ 낱말 친구 사총사 ★
❹

해설 '탈을 쓰다'는 '본색이 드러나지 않게 가장하다.'라는 뜻으로 사용됩니다.

★ 연상되는 낱말 찾기 ★
열쇠, 시합, 제기

★ 짧은 글짓기 ★
• **예** 나는 집으로 돌아오는 길에 친구와 어깨동무를 했다.
• **예** 민기는 운동장에서 이어달리기를 할 때 배턴을 떨어뜨렸다.
• **예** 지후는 출발 지점에서 준비 운동을 했다.

낱말 쌈 싸 먹기

★ 맞춤법 ★
우레

해설 '우레'는 '우뢰'로 잘못 쓰기 쉬운 말입니다. 과거에는 '우뢰'라는 말을 사용하기도 하였으나, 현재는 '우레'만 표준어로 인정하고 있으므로 기억해 두기 바랍니다.

★ 띄어쓰기 ★
㉮

해설 '대'는 차나 기계, 악기 따위를 세는 단위로, 앞말과 띄어 씁니다.

★ 관용어 ★
돌다리

해설 그림은 실험을 하기 전에 알코올램프에 이상이 없는지 신중하게 확인하는 상황을 표현하고 있습니다. 이런 상황과 어울리는 속담에는 '돌다리도 두들겨 보고 건너라' 가 있습니다. '돌다리도 두들겨 보고 건너라' 는 '잘 아는 일이라도 세심하게 주의를 하라는 말' 이라는 뜻을 갖고 있습니다.

★ 한자어 ★

有名(유명), 歌手(가수)

12 회 | 60~62쪽

낱말은 쏙쏙! 생각은 쑥쑥!

★ 그림으로 낱말 찾기 ★

❶ 다투다 ❷ 돋보기 ❸ 환호성 ❹ 두런거리다 ❺ 재주

★ 낱말 뜻 알기 ★

❶ 선수 ❷ 렌즈, 한곳 ❸ 의견, 싸우다 ❹ 소리
❺ 훌륭, 칭찬

★ 낱말 친구 사총사 ★

❶

해설 ❷, ❸, ❹에 쓰인 '다투어, 다투었어' 는 '어떤 일을 남보다 먼저 하거나 잘하려고 경쟁적으로 서두르다.' 라는 뜻으로 사용되었고, ❶에 쓰인 '다투었어' 는 '의견이나 이해의 대립으로 서로 따지며 싸우다.' 라는 뜻으로 사용되었습니다.

★ 연상되는 낱말 찾기 ★

응원, 재주, 돋보기

★ 짧은 글짓기 ★

• **예** 농민들은 태풍 때문에 불안한 마음을 느끼기 시작했다.
• **예** 아이들은 수업을 하지 않는다고 하자 좋다고 환호성을 질렀다.
• **예** 반쪽이는 새벽에 두런거리는 소리를 듣고 잠을 깼다.

낱말 쌈 싸 먹기

★ 맞춤법 ★

무릎

해설 '무릎[무릅]' 은 '무릅' 으로 잘못 쓰기 쉬운 말입니다. 글자의 모양과 읽을 때의 소리가 다른 낱말은 틀리기 쉬우므로 바르게 기억하여 둡니다.

★ 띄어쓰기 ★

㉮

해설 '몸무게' 는 '몸' 과 '무게' 가 하나로 합쳐져서 쓰이는 낱말입니다.

★ 관용어 ★

고래, 새우

해설 그림은 형과 누나가 치고받으며 싸우는 통에 막내 동생이 그 사이에 깔려 피해를 보는 상황을 표현하고 있습니다. 이런 상황과 어울리는 속담에는 '고래 싸움에 새우 등 터진다' 가 있습니다. '고래 싸움에 새우 등 터진다' 는 '강한 자들끼리 싸우는 통에 아무 상관도 없는 약한 자가 중간에 끼어 피해를 입게 됨을 비유적으로 이르는 말' 이라는 뜻을 갖고 있습니다.

★ 한자어 ★

일거양득(一擧兩得)

해설 • 일거양득(一擧兩得) : 한 번 들어 둘을 얻는다는 뜻으로, 한 가지 일을 하여 두 가지 이익을 얻음을 이르는 말.
• 막상막하(莫上莫下) : 어느 것이 위고 아래인지 분간할 수 없다는 뜻으로, 더 낫고 더 못함의 차이가 거의 없음을 이르는 말.
• 자업자득(自業自得) : 자기의 업을 스스로 받는다는 뜻으로, 자기가 저지른 일의 결과를 자기가 받음을 이르는 말.

13 회 | 64~66쪽

낱말은 쏙쏙! 생각은 쑥쑥!

★ 그림으로 낱말 찾기 ★

❶ 대중교통 ❷ 이사 ❸ 피해 ❹ 주고받다 ❺ 다정하다

★ 낱말 뜻 알기 ★

❶ 장소, 만나 ❷ 사람, 교통 ❸ 옮김 ❹ 두텁다
❺ 어렵, 생활

★ 낱말 친구 사총사 ★

❹

해설 '고생 끝에 낙이 온다' 는 '어려운 일이나 고된 일을 겪은 뒤에는 반드시 즐겁고 좋은 일이 생긴다.' 라는 뜻으로 사용됩니다.

★ 연상되는 낱말 찾기 ★

편찮다, 대중교통, 주고받다

★ 짧은 글짓기 ★

• **예** 할아버지께서는 이번 여름에 홍수 피해를 입으셨다.
• **예** 어머니는 지난주 토요일에 우체국을 방문하셨다.
• **예** 내 짝꿍은 내일 이사를 간다고 했다.

낱말 쌈 싸 먹기

★ 맞춤법 ★

바란다

해설 '바래다'는 '볕이나 습기를 받아 색이 변하다.' 또는 '가는 사람을 일정한 곳까지 배웅하거나 바라보다.'라는 뜻이고, '바라다'는 '생각이나 바람대로 어떤 일이나 상태가 이루어지거나 그렇게 되었으면 하고 생각하다.'라는 뜻입니다. 따라서 문장에 어울리는 낱말은 '바란다'입니다.

★ 띄어쓰기 ★

㉯

해설 '햇'은 '그해에 난'의 뜻을 더하는 말로, 뒷말과 붙여 씁니다.

★ 관용어 ★

자물쇠

해설 그림은 누가 창문을 깼는지 묻는데 입을 꾹 다물고 아무도 말하지 않는 상황을 표현하고 있습니다. 이런 상황과 어울리는 관용구에는 '입에 자물쇠를 채우다'가 있습니다. '입에 자물쇠를 채우다'는 '말하지 않다.'라는 뜻을 갖고 있습니다.

★ 한자어 ★

日本(일본), 美國(미국)

14회 | 68~70쪽

낱말은 쏙쏙! 생각은 쑥쑥!

★ 그림으로 낱말 찾기 ★

❶ 장신구 ❷ 부딪치다 ❸ 나무관북 ❹ 민속춤 ❺ 악수

★ 낱말 뜻 알기 ★

❶ 박자, 남녀 ❷ 액세서리, 치장 ❸ 소리 ❹ 나라, 생활
❺ 인사, 오른

★ 낱말 친구 사총사 ★

❸

해설 ❸에 쓰인 '장신구'는 '몸치장을 하는 데 쓰는 물건'으로, ❶, ❷, ❹에 쓰인 '귀고리, 목걸이, 반지'를 포함하는 큰 말입니다.

★ 연상되는 낱말 찾기 ★

민속춤, 악수, 윷가락

★ 짧은 글짓기 ★

· **예** 아이들은 좁은 골목길에서 서로의 몸을 부딪쳤다.
· **예** 인서는 백화점에서 온통 레이스로 장식된 옷을 샀다.
· **예** 유찬이는 음악실에서 '어린이 왈츠' 노래를 불렀다.

낱말 쌈 싸 먹기

★ 맞춤법 ★

발자욱 → 발자국

해설 '발자국'은 '발자욱'으로 잘못 쓰기 쉬운 말입니다. '발자욱'은 '발자국'의 북한어로 틀리기 쉬우므로 바르게 기억하여 둡니다.

★ 띄어쓰기 ★

㉮

해설 '달려가다'는 '달음질하여 빨리 가다.'라는 뜻으로, 붙여서 하나의 낱말로 씁니다.

★ 관용어 ★

말, 천 리

해설 그림은 다른 사람들에게 친구 흉을 보고 다니다가 그것이 친구 귀에 들어간 상황을 표현하고 있습니다. 이런 상황과 어울리는 속담에는 '발 없는 말이 천 리 간다'가 있습니다. '발 없는 말이 천 리 간다'는 '말은 비록 발이 없지만 천 리 밖까지도 순식간에 퍼진다는 뜻으로, 말을 삼가야 함을 비유적으로 이르는 말'이라는 뜻을 갖고 있습니다.

★ 한자어 ★

유유상종(類類相從)

해설 · 지피지기(知彼知己) : 적을 알고 나를 안다는 뜻으로, 적의 형편과 나의 형편을 자세히 알아야 한다는 말.
· 일석이조(一石二鳥) : 한 개의 돌을 던져 두 마리의 새를 맞추어 떨어뜨린다는 뜻으로, 한 가지 일을 해서 두 가지 이익을 얻음을 이르는 말.
· 유유상종(類類相從) : 사물은 같은 무리끼리 따르고, 같은 사람은 서로 찾아 모인다는 뜻으로, 같은 무리끼리 서로 사귐을 이르는 말.

15회 | 72~74쪽

낱말은 쏙쏙! 생각은 쑥쑥!

★ 그림으로 낱말 찾기 ★

❶ 한지 ❷ 배불뚝이 ❸ 체험 ❹ 빚다 ❺ 진흙

★ 낱말 뜻 알기 ★

❶ 진흙, 그릇 ❷ 도서관, 자료 ❸ 재료, 만들다
❹ 보기, 모양 ❺ 껍질, 종이

★ 낱말 친구 사총사 ★

❸

해설 ❶, ❷, ❹에 쓰인 '빚었어, 빚어, 빚어서'는 '흙 따위의 재료를 이겨서 어떤 형태를 만들다.'라는 뜻으로 사용되었고, ❸에 쓰인 '빚었어'는 '가루를 반죽하여 만두, 송편, 경단 따위를 만들다.'라는 뜻으로 사용되었습니다.

★ 연상되는 낱말 찾기 ★
대출, 한지, 옹기그릇

★ 짧은 글짓기 ★
- **예** 푸른꿈 도서관이 10월에 어린이 자료실을 새롭게 단장했다.
- **예** 동생과 나는 특별 활동 시간에 전통 공예를 체험했다.
- **예** 진호는 미술 시간에 진흙으로 찻잔을 만들었다.

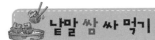

★ 맞춤법 ★
베개

해설 'ㅔ'가 들어가는 글자는 혼동하기 쉽습니다. 'ㅔ'를 'ㅐ'로 잘못 쓰지 않도록 주의합니다.

★ 띄어쓰기 ★
㉯

해설 '빠짐없이'는 '하나도 빠뜨리지 않고 모두 다 있게'라는 뜻으로, 붙여서 하나의 낱말로 씁니다.

★ 관용어 ★
올챙이

해설 그림은 아홉 살 때까지 젓가락질을 못했던 형이 젓가락질을 제대로 못한다고 동생을 비웃는 상황을 표현하고 있습니다. 이런 상황과 어울리는 속담에는 '개구리 올챙이 적 생각 못한다'가 있습니다. '개구리 올챙이 적 생각 못한다'는 '형편이나 사정이 전에 비하여 나아진 사람이 지난날의 미천하거나 어렵던 때의 일을 생각하지 않고 처음부터 잘난 듯이 뽐냄을 비유적으로 이르는 말'이라는 뜻을 갖고 있습니다.

★ 한자어 ★
公主(공주), 王子(왕자)

16회 | 76~78쪽

★ 그림으로 낱말 찾기 ★
❶ 폭 ❷ 재다 ❸ 어림 ❹ 길이 ❺ 자

★ 낱말 뜻 알기 ★
❶ 저울, 무게 ❷ 안, 가져 ❸ 길이, 표시 ❹ 가로, 거리
❺ 길이, 도구

★ 낱말 친구 사총사 ★
❹

해설 '어림 반 푼어치도 없다'는 '몹시 부당하거나 터무니없는 말을 한다.'라는 뜻으로 사용됩니다.

★ 연상되는 낱말 찾기 ★
눈금, 자, 재다

★ 짧은 글짓기 ★
- **예** 영민이가 폭 넓은 통바지를 입고 왔다.
- **예** 엄마가 화분을 실내에 들여놓았다.
- **예** 준섭이가 연필의 길이를 바르게 쟀다.

★ 맞춤법 ★
부억 → 부엌

해설 '부엌[부억]'은 '부억'으로 잘못 쓰기 쉬운 말입니다. 글자의 모양과 읽을 때의 소리가 다른 낱말은 틀리기 쉬우므로 바르게 기억하여 둡니다.

★ 띄어쓰기 ★
㉮

해설 '자루'는 기름하게 생긴 필기도구나 연장, 무기 따위를 세는 단위로, 앞말과 띄어 씁니다.

★ 관용어 ★
발등

해설 그림은 시험이 내일로 닥치자 아이가 밤늦게까지 공부하는 상황을 표현하고 있습니다. 이런 상황과 어울리는 관용구에는 '발등에 불 떨어지다'가 있습니다. '발등에 불 떨어지다'는 '일이 몹시 절박하게 닥치다.'라는 뜻을 갖고 있습니다.

★ 한자어 ★
일심동체(一心同體)

해설
- 대동소이(大同小異) : 큰 것이 같고 작은 것이 다르다는 뜻으로, 큰 차이 없이 거의 같음을 이르는 말.
- 일심동체(一心同體) : 한마음 한 몸이라는 뜻으로, 서로 굳게 결합함을 이르는 말.
- 노심초사(勞心焦思) : 마음을 수고롭게 하고 생각을 너무 깊게 한다는 뜻으로, 몹시 마음을 쓰며 애를 태움을 이르는 말.

17회 | 80~82쪽

★ 그림으로 낱말 찾기 ★
① 휠체어 ② 전용 ③ 노약자 ④ 주차 ⑤ 보도블록

★ 낱말 뜻 알기 ★
① 목적, 부문 ② 도로, 벽돌 ③ 다리, 바퀴
④ 일부분, 나가(나오) ⑤ 세련

★ 낱말 친구 사총사 ★
②

해설 '손을 내밀다'는 '친하려고 나서다.'라는 뜻으로 사용되었습니다.

★ 연상되는 낱말 찾기 ★
주차, 휠체어, 전용

★ 짧은 글짓기 ★
• 예 민수는 촌스럽게 보이지 않기 위해 유행하는 옷을 샀다.
• 예 할머니는 임신부를 위해 노약자석을 양보했다.
• 예 선생님은 원만한 사회생활을 위해서는 다른 사람의 의견을 존중해야 한다고 하셨다.

낱말 쌈 싸 먹기

★ 맞춤법 ★
비빔밥

해설 '비빔밥'은 '비빈밥'으로 잘못 쓰기 쉬운 말이므로 바르게 기억하여 둡니다. 단, '비벼 만든 밥'의 뜻이면 '비빈 밥'으로 띄어 씁니다.

★ 띄어쓰기 ★
㉮

해설 '돼지고기'는 '돼지'와 '고기'가 하나로 합쳐져서 쓰이는 낱말입니다.

★ 관용어 ★
우는, 젖

해설 그림은 아이가 용돈을 올려 달라고 당당하게 요구하자 엄마가 요구를 받아들이는 상황을 표현하고 있습니다. 이런 상황과 어울리는 속담에는 '우는 아이 젖 준다'가 있습니다. '우는 아이 젖 준다'는 '무슨 일에 있어서나 자기가 요구하여야 쉽게 구할 수 있음을 이르는 말'이라는 뜻을 갖고 있습니다.

★ 한자어 ★
秋夕(추석), 山所(산소)

18회 | 84~86쪽

★ 그림으로 낱말 찾기 ★
① 조사 ② 그림지도 ③ 건물 ④ 큰길 ⑤ 소개

★ 낱말 뜻 알기 ★
① 사물, 살펴 ② 기호, 지도 ③ 사실, 설명 ④ 공개, 모임
⑤ 사람, 통틀어

★ 낱말 친구 사총사 ★
④

해설 ④에 쓰인 '건물'은 '사람이 들어 살거나, 일을 하거나, 물건을 넣어 두기 위하여 지은 집을 통틀어 이르는 말'로, ①, ②, ③에 쓰인 '아파트, 병원, 도서관'을 포함하는 큰 말입니다.

★ 연상되는 낱말 찾기 ★
조사, 소개, 계획

★ 짧은 글짓기 ★
• 예 용석이는 큰길에서 공놀이를 했다.
• 예 나는 집에서 가족을 위해 애쓰시는 아버지를 그렸다.
• 예 우리 반은 강당에서 연극 발표회를 열었다.

낱말 쌈 싸 먹기

★ 맞춤법 ★
빨강색 → 빨간색 또는 빨강

해설 '빨간색' 또는 '빨강'은 '빨강색'으로 잘못 쓰기 쉬운 말입니다. 색깔이나 빛깔 자체를 가리키는 말이라면 '빨강'으로 써야 합니다. 그러나 뒤에 '색'이나 '빛'과 함께 쓸 때는 '빨간빛', '빨간색'으로 쓰므로 바르게 기억하여 둡니다.

★ 띄어쓰기 ★
㉯

해설 '아무런'은 '전혀 어떠한'의 뜻을 나타내는 말로, 뒷말과 띄어 씁니다.

★ 관용어 ★
물

해설 그림은 아이가 친구들에게 선물을 하면서 돈을 마구 쓰는 상황을 표현하고 있습니다. 이런 상황과 어울리는 관용구에는 '물 쓰듯'이 있습니다. '물 쓰듯'은 '물건을 헤프게 쓰거나, 돈 따위를 흥청망청 낭비하다.'라는 뜻을 갖고 있습니다.

★ 한자어 ★
대동소이(大同小異)

해설 • 대동소이(大同小異) : 큰 것이 같고 작은 것이 다르다는 뜻으로, 큰 차이 없이 거의 같음을 이르는 말.
• 역지사지(易地思之) : 처지를 서로 바꾸어 생각한다는 뜻으로, 상대방의 처지에서 생각해 봄을 이르는 말.
• 기고만장(氣高萬丈) : 기운이 만 장이나 뻗쳤다는 뜻으로, 펄펄 뛸 만큼 대단히 성이 나거나 일이 뜻대로 잘될 때, 우쭐하여 뽐내는 기세가 대단함을 이르는 말.

19회 | 88~90쪽

★ 그림으로 낱말 찾기 ★
❶ 기념 ❷ 초대장 ❸ 쓰다듬다 ❹ 실수 ❺ 목청껏

★ 낱말 뜻 알기 ★
❶ 모임, 편지 ❷ 어루 ❸ 소리 ❹ 상태, 계속
❺ 조심, 잘못

★ 낱말 친구 사총사 ★
❸

해설 ❶, ❷, ❹에 쓰인 '유지' 는 '어떤 상태나 상황을 그대로 변함없이 계속함' 이라는 뜻으로 사용되었고, ❸에 쓰인 '유지' 는 '마을이나 지역에서 명망 있고 영향력을 가진 사람' 이라는 뜻으로 사용되었습니다.

★ 연상되는 낱말 찾기 ★
대표, 실수, 초대장

★ 짧은 글짓기 ★
• 예 영주는 산 정상에서 목청껏 소리를 질렀다.
• 예 아버지는 거실에서 나의 머리를 쓰다듬어 주셨다.
• 예 민기는 시골에 가서 편식하는 나쁜 습관을 고쳤다.

★ 맞춤법 ★
뻐꾸기

해설 '뻐꾸기' 는 '뻐꾹이' 로 잘못 쓰기 쉬운 말입니다. 맞춤법 규정에 따라 '-하다' 나 '-거리다' 가 붙을 수 없는 어근에 '-이' 가 붙어서 명사가 된 것은 그 원형을 밝혀 적지 않아 '뻐꾸기' 가 되므로 바르게 기억하여 둡니다.

★ 띄어쓰기 ★
㉯

해설 '잡아당기다' 는 '잡아서 자기 있는 쪽으로 끌어당기다.' 라는 뜻으로, 붙여서 하나의 낱말로 씁니다.

★ 관용어 ★
꿩, 알

해설 그림은 마음속으로 좋아하는 사람이 직원으로 있는 햄버거 가게에 햄버거를 사러 간 상황을 표현하고 있습니다. 이런 상황과 어울리는 속담에는 '꿩 먹고 알 먹는다' 가 있습니다. '꿩 먹고 알 먹는다' 는 '한 가지 일을 하여 두 가지 이상의 이익을 보게 됨을 비유적으로 이르는 말' 이라는 뜻을 갖고 있습니다.

★ 한자어 ★
午後(오후), 市場(시장)

20회 | 92~94쪽

★ 그림으로 낱말 찾기 ★
❶ 문제 ❷ 값 ❸ 수직선 ❹ 식 ❺ 지우다

★ 낱말 뜻 알기 ★
❶ 글씨(글자), 지우개 ❷ 느낌, 그림 ❸ 불 ❹ 해답, 물음
❺ 기호, 수학

★ 낱말 친구 사총사 ★
❹

해설 ❶, ❷, ❸에 쓰인 '식' 은 '숫자, 문자, 기호를 써서 이들 사이의 수학적 관계를 나타낸 것' 이라는 뜻으로 사용되었고, ❹에 쓰인 '식' 은 '의식의 뜻을 더하는 접미사' 로 사용되었습니다.

★ 연상되는 낱말 찾기 ★
지우다, 끄다, 문제

★ 짧은 글짓기 ★
• 예 유진이는 반듯한 수직선을 그리기 위해 자를 사용했다.
• 예 가게 아저씨는 물건 값을 계산하기 위해 계산기를 사용했다.
• 예 선재는 형의 키와 같아지려 발뒤꿈치를 들었다.

★ 맞춤법 ★
살고기→ 살코기

해설 '살코기' 는 '살고기' 로 잘못 쓰기 쉬운 말입니다. '살코기' 는 '살-' 과 '고기' 로 된 합성어인데 합성어를 이루면서 'ㅎ' 이 덧붙어 '살코기' 가 되었습니다.

★ 띄어쓰기 ★

㉮

해설 '시큼시큼'은 '맛이나 냄새 따위가 깊은 맛이 있게 매우 신 느낌이 난다.'는 뜻으로, 붙여서 하나의 낱말로 씁니다.

★ 관용어 ★

못

해설 그림은 학교 갔다 오면 해야 할 일들을 엄마가 말해 주는데, 늘 듣는 이야기라 아이가 지겨워하는 상황을 표현하고 있습니다. 이런 상황과 어울리는 관용구에는 '귀에 못이 박히다'가 있습니다. '귀에 못이 박히다'는 '같은 말을 여러 번 듣다.'라는 뜻을 갖고 있습니다.

★ 한자어 ★

십시일반(十匙一飯)

해설 • 조삼모사(朝三暮四) : 아침에 세 개, 저녁에 네 개라는 뜻으로, 당장 눈앞에 나타나는 차별만을 알고 그 결과가 같음을 모르는 상황을 비유하거나 간사한 꾀를 써서 남을 속임을 이르는 말.
• 십시일반(十匙一飯) : 밥 열 술이 한 그릇이 된다는 뜻으로, 여러 사람이 조금씩 힘을 합하면 한 사람을 돕기 쉬움을 이르는 말.
• 인산인해(人山人海) : 사람이 산을 이루고 바다를 이루었다는 뜻으로, 사람이 수없이 많이 모인 상태를 이르는 말.

낱말 쌈 싸 먹기

★ 맞춤법 ★

얼음

해설 '얼음'은 '어름'으로 잘못 쓰기 쉬운 말입니다. '얼음'은 '물이 얼어서 굳어진 물질'이라는 뜻이고, '어름'은 '두 사물의 끝이 맞닿은 자리, 구역과 구역의 경계점'이라는 뜻입니다.

★ 띄어쓰기 ★

㉯

해설 '다발'은 꽃, 푸성귀, 돈 따위의 묶음을 세는 단위로, 앞말과 띄어 씁니다.

★ 관용어 ★

바늘 도둑

해설 그림은 연필을 훔친 아이를 엄마가 꾸짖는 상황을 표현하고 있습니다. 이런 상황과 어울리는 속담에는 '바늘 도둑이 소도둑 된다'가 있습니다. '바늘 도둑이 소도둑 된다'는 '바늘을 훔치던 사람이 계속 반복하다 보면 결국은 소까지도 훔친다는 뜻으로, 작은 나쁜 짓도 자꾸 하게 되면 큰 죄를 저지르게 됨을 비유적으로 이르는 말'이라는 뜻을 갖고 있습니다.

★ 한자어 ★

孝心(효심), 少女(소녀)

21 회 | 96~98쪽

낱말은 쏙쏙! 생각은 쑥쑥!

★ 그림으로 낱말 찾기 ★

❶ 지붕 ❷ 한옥 ❸ 단독주택 ❹ 아파트 ❺ 벽

★ 낱말 뜻 알기 ★

❶ 꼭대기, 덮개 ❷ 따로 ❸ 살림, 물건 ❹ 우리나라, 형식
❺ 둘레

★ 낱말 친구 사총사 ★

❸

해설 '벽을 쌓다'는 '서로 사귀던 관계를 끊다.'라는 뜻입니다.

★ 연상되는 낱말 찾기 ★

지붕, 광, 아파트

★ 짧은 글짓기 ★

• 예 나는 지난 일요일에 남산골 한옥 마을을 구경했다.
• 예 엄마는 저녁 때 식탁 위에 꽃병을 놓으셨다.
• 예 민호는 수업 시간에 각 방의 쓰임새를 배웠다.

22 회 | 100~102쪽

낱말은 쏙쏙! 생각은 쑥쑥!

★ 그림으로 낱말 찾기 ★

❶ 노려보다 ❷ 불끈 ❸ 쪽지 ❹ 쭈뼛쭈뼛 ❺ 풀리다

★ 낱말 뜻 알기 ★

❶ 주먹, 모양 ❷ 주저주저, 머뭇 ❸ 마음, 생각
❹ 감정, 바라 ❺ 처리

★ 낱말 친구 사총사 ★

❹

해설 ❶, ❷, ❸에 쓰인 '쭈뼛쭈뼛'은 '어줍거나 부끄러워서 자꾸 주저주저하거나 머뭇거리는 모양'이라는 뜻으로 사용되었고, ❹에 쓰인 '쭈뼛쭈뼛'은 '무섭거나 놀라서 머리카락이 자꾸 꼿꼿하게 일어서는 듯한 느낌'이라는 뜻으로 사용되었습니다.

★ 연상되는 낱말 찾기 ★

불끈, 쪽지, 정리

★ 짧은 글짓기 ★

- **예** 주환이는 공연장에서 제 역할을 거뜬히 해냈다.
- **예** 나는 학교에서 집으로 돌아오는 길에 형섭이를 노려보았다.
- **예** 두 사람은 호랑이 배 속에서 빠져나갈 궁리를 했다.

★ 맞춤법 ★

여덜 → 여덟

해설 '여덟[여덜]'은 '여덜'로 잘못 쓰기 쉬운 말입니다. 글자의 모양과 읽을 때의 소리가 다른 낱말은 틀리기 쉬우므로 바르게 기억하여 둡니다.

★ 띄어쓰기 ★

㉮

해설 '말버릇'은 '말'과 '버릇'이 하나로 합쳐져서 쓰이는 낱말입니다.

★ 관용어 ★

쪽박

해설 그림은 놀부가 집과 재산을 다 잃고 거지가 되어 흥부를 찾아온 상황을 표현하고 있습니다. 이런 상황과 어울리는 관용구에는 '쪽박(을) 차다'가 있습니다. '쪽박(을) 차다'는 '거지가 되다.'라는 뜻을 갖고 있습니다.

★ 한자어 ★

동고동락(同苦同樂)

해설 • 견물생심(見物生心) : 물건을 보면 마음이 생긴다는 뜻으로, 어떠한 실물을 보게 되면 그것을 가지고 싶은 욕심이 생김을 이르는 말.
• 백전백승(百戰百勝) : 백 번 싸워 백 번 이긴다는 뜻으로, 싸울 때마다 번번이 이김을 이르는 말.
• 동고동락(同苦同樂) : 괴로움과 즐거움을 함께한다는 뜻으로, 같이 고생하고 같이 즐기는 것을 이르는 말.

23 회 | 104~106쪽

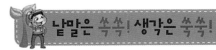

★ 그림으로 낱말 찾기 ★

❶ 짧은바늘 ❷ 긴바늘 ❸ 가리키다 ❹ 요일 ❺ 달력

★ 낱말 뜻 알기 ★

❶ 시간, 단위 ❷ 요일, 날짜 ❸ 손가락, 방향 ❹ 시침
❺ 일주일

★ 낱말 친구 사총사 ★

❹

해설 ❶, ❷, ❸에 쓰인 '분'은 '한 시간의 60분의 1이 되는 동안을 세는 단위'라는 뜻으로 사용되었고, ❹에 쓰인 '분'은 '높이는 사람을 세는 단위'라는 뜻으로 사용되었습니다.

★ 연상되는 낱말 찾기 ★

달력, 가리키다, 시각

★ 짧은 글짓기 ★

- **예** 선생님은 수업 시간에 시계의 긴바늘을 가리키셨다.
- **예** 아빠는 매주 토요일마다 식사를 준비하셨다.
- **예** 엄마는 저녁 식사 시간에 숙제를 하는 데 걸린 시간을 물으셨다.

★ 맞춤법 ★

예쁜

해설 '예쁘다'는 '이쁘다'로 잘못 쓰기 쉬운 말이므로 바르게 기억하여 둡니다.

★ 띄어쓰기 ★

㉯

해설 '한두'는 그 수량이 하나나 둘임을 나타내는 말로, 뒷말과 띄어 씁니다.

★ 관용어 ★

쥐

해설 그림은 아이들이 일찍 잠들어 집 안이 매우 조용한 상황을 표현하고 있습니다. 이런 상황과 어울리는 관용구에는 '쥐 죽은 듯'이 있습니다. '쥐 죽은 듯'은 '매우 조용한 상태를 비유적으로 이르는 말'이라는 뜻을 갖고 있습니다.

★ 한자어 ★

登山(등산), 運動(운동)

24 회 | 108~110쪽

낱말은 쏙쏙! 생각은 쑥쑥!

★ 그림으로 낱말 찾기 ★

❶ 게임 ❷ 마우스 ❸ 어리둥절하다 ❹ 댓글 ❺ 일지

★ 낱말 뜻 알기 ★

❶ 신분, 숫자 ❷ 짤막 ❸ 영문, 얼떨떨 ❹ 컴퓨터, 정보
❺ 학교, 학교, 배움

★ 낱말 친구 사총사 ★

❷

해설 ❶, ❸, ❹에 쓰인 '게임'은 '규칙을 정해 놓고 승부를 겨루는 놀이'로 사용되었고, ❷에 쓰인 '게임'은 '(수량을 나타내는 말 뒤에 쓰여) 경기의 횟수를 세는 단위'라는 뜻으로 사용되었습니다.

★ 연상되는 낱말 찾기 ★

인터넷, 전학, 일지

★ 짧은 글짓기 ★

• 예 진혁이는 마우스가 고장 나서 컴퓨터를 할 수 없었다.
• 예 주은이는 게임을 하기 위해 친구의 아이디를 빌렸다.
• 예 규식이는 이사를 하게 돼서 다른 학교로 전학을 갔다.

낱말 쌈 싸 먹기

★ 맞춤법 ★

오뚜기 → 오뚝이

해설 '오뚝이'는 '오뚜기'로 잘못 쓰기 쉬운 말입니다. '−하다'가 붙는 어근에 '−이'가 붙어서 명사가 된 것은 그 원형을 밝혀 적기 때문에 바르게 기억하여 둡니다.

★ 띄어쓰기 ★

㉮

해설 '데려가다'는 '함께 거느리고 가다.'라는 뜻으로, 붙여서 하나의 낱말로 씁니다.

★ 관용어 ★

하룻강아지

해설 그림은 꼬마가 태권도 4단인 형에게 철없이 함부로 덤비는 상황을 표현하고 있습니다. 이런 상황과 어울리는 속담에는 '하룻강아지 범 무서운 줄 모른다'가 있습니다. '하룻강아지 범 무서운 줄 모른다'는 '철없이 함부로 덤비는 경우를 비유적으로 이르는 말'이라는 뜻을 갖고 있습니다.

★ 한자어 ★

우이독경(牛耳讀經)

해설 • 주마간산(走馬看山) : 말을 타고 달리며 산천을 구경한다는 뜻으로, 자세히 살피지 않고 대충대충 보고 지나감을 이르는 말.
• 우이독경(牛耳讀經) : 쇠귀에 경 읽기라는 뜻으로, 아무리 가르치고 일러 주어도 알아듣지 못함을 이르는 말.
• 추풍낙엽(秋風落葉) : 가을바람에 떨어지는 나뭇잎이라는 뜻으로, 어떤 형세나 세력이 갑자기 기울어지거나 헤어져 흩어지는 모양을 비유적으로 이르는 말.

25 회 | 112~114쪽

낱말은 쏙쏙! 생각은 쑥쑥!

★ 그림으로 낱말 찾기 ★

❶ 돌보다 ❷ 표현하다 ❸ 함께 ❹ 들다 ❺ 찾다

★ 낱말 뜻 알기 ★

❶ 주변(주위), 뒤지 ❷ 여럿 ❸ 마음씨 ❹ 들어
❺ 환경, 감정

★ 낱말 친구 사총사 ★

❷

해설 '기분을 내다'는 '남에게 한턱을 쓰다.'로 사용되었습니다.

★ 연상되는 낱말 찾기 ★

찾다, 온순하다, 돌보다

★ 짧은 글짓기 ★

• 예 어머니는 거실에서 아버지와 함께 이야기를 나누셨다.
• 예 이모는 시장에서 좋은 채소를 골랐다.
• 예 나는 미술관에서 기쁨을 표현한 그림을 보았다.

낱말 쌈 싸 먹기

★ 맞춤법 ★

오순도순

해설 '오순도순'은 '오손도손'으로 잘못 쓰기 쉬운 말입니다. 모음 조화('ㅏ', 'ㅗ' 따위의 양성 모음은 양성 모음끼리, 'ㅓ', 'ㅜ' 따위의 음성 모음은 음성 모음끼리 어울리는 현상)에 어긋나는 낱말은 틀리기 쉬우므로 바르게 기억하여 둡니다.

★ 띄어쓰기 ★

㉯

해설 '엉큼성큼'은 '큰 걸음으로 가볍고 힘차게 걷는 모양'을 뜻하는 말로, 붙여서 하나의 낱말로 씁니다.

★ 관용어 ★

윗물, 아랫물

해설 그림은 엄마가 아이에게 동생들에게 형으로서 모범을 보이라고 말하는 상황을 표현하고 있습니다. 이런 상황과 어울리는 속담에는 '윗물이 맑아야 아랫물이 맑다'가 있습니다. '윗물이 맑아야 아랫물이 맑다'는 '윗사람이 잘하면 아랫사람도 따라서 잘하게 된다는 말'이라는 뜻을 갖고 있습니다.

★ 한자어 ★

水力(수력), 電氣(전기)

26 회 | 116~118쪽

★ 그림으로 낱말 찾기 ★

❶ 평균대 ❷ 매트 ❸ 뜀틀 ❹ 그늘 ❺ 자연물

★ 낱말 뜻 알기 ★

❶ 종이, 색연필 ❷ 자연, 물체 ❸ 운동, 바닥 ❹ 소리, 절벽 ❺ 체조

★ 낱말 친구 사총사 ★

❸

해설 '그늘 밑 매미 신세'는 '부지런히 일하지 않고 놀기만 하면서 편하게 지내는 처지'라는 뜻으로 사용되었습니다.

★ 연상되는 낱말 찾기 ★

매트, 프로타주, 메아리

★ 짧은 글짓기 ★

• 예 아빠와 나는 지난 일요일에 구불구불한 산길을 올랐다.
• 예 진아는 체육 시간에 뜀틀을 겨우 뛰어넘었다.
• 예 영희는 작년 대회 때 평균대에서 금메달을 땄다.

★ 맞춤법 ★

웃옷 → 윗옷

해설 '윗옷'은 '웃옷'으로 잘못 쓰기 쉬운 말입니다. '웃옷'은 '맨 겉에 입는 옷'이라는 뜻이고, '윗옷'은 '위에 입는 옷'이라는 뜻입니다. 따라서 문장에 어울리는 낱말은 '윗옷'입니다.

★ 띄어쓰기 ★

㉯

해설 '이든지'는 조사로, 앞말에 붙여 씁니다.

★ 관용어 ★

어깨

해설 그림은 엄마가 아파서 누나가 집안일을 책임져야 하는 상황을 표현하고 있습니다. 이런 상황과 어울리는 관용구에는 '어깨가 무겁다'가 있습니다. '어깨가 무겁다'는 '무거운 책임을 져서 마음에 부담이 크다.'라는 뜻을 갖고 있습니다.

★ 한자어 ★

유구무언(有口無言)

해설 • 유구무언(有口無言) : 입은 있어도 말은 없다는 뜻으로, 변명할 말이 없거나 변명을 못함을 이르는 말.
• 유비무환(有備無患) : 준비가 있으면 근심이 없다는 뜻으로, 미리 준비가 되어 있으면 우환을 당하지 아니함. 또는 뒷걱정이 없음을 이르는 말.
• 유유상종(類類相從) : 사물은 같은 무리끼리 따르고, 같은 사람은 서로 찾아 모인다는 뜻으로, 같은 무리끼리 서로 사귐을 이르는 말.

27 회 | 120~122쪽

★ 그림으로 낱말 찾기 ★

❶ 포효 ❷ 광주리 ❸ 위장 ❹ 소스라치다 ❺ 엉덩방아

★ 낱말 뜻 알기 ★

❶ 모습, 거짓 ❷ 엉덩이, 바닥 ❸ 재료, 그릇 ❹ 깜짝, 움직 ❺ 온몸

★ 낱말 친구 사총사 ★

❶

해설 ❷, ❸, ❹에 쓰인 '위장'은 '본래의 정체나 모습이 드러나지 않도록 거짓으로 꾸밈'이라는 뜻으로 사용되었고, ❶에 쓰인 '위장'은 '위와 장을 아울러 이르는 말'이라는 뜻으로 사용되었습니다.

★ 연상되는 낱말 찾기 ★

포효, 엉덩방아, 광주리

★ 짧은 글짓기 ★

• 예 불개는 우리를 탈출하기 위해 몸부림을 쳤다.
• 예 장군은 적에게 잡히지 않기 위해 낭떠러지 아래로 몸을 던졌다.
• 예 경찰은 도둑을 잡기 위해 쏜살같이 거리를 뛰어갔다.

낱말 쌈 싸 먹기

★ 맞춤법 ★

이튿날

해설 '이튿날[이튼날]'은 '이튼날'로 잘못 쓰기 쉬운 말입니다. 글자의 모양과 읽을 때의 소리가 다른 낱말은 틀리기 쉬우므로 바르게 기억하여 둡니다.

★ 띄어쓰기 ★

㉯

해설 '불장난'은 '불'과 '장난'이 하나로 합쳐져서 쓰이는 낱말입니다.

★ 관용어 ★

침 뱉기

해설 그림은 아이들이 자신들이 속해 있는 자기 반을 욕하다가 핀잔을 듣는 상황을 표현하고 있습니다. 이런 상황과 어울리는 속담에는 '누워서 침 뱉기'가 있습니다. '누워서 침 뱉기'는 '남을 해치려고 하다가 도리어 자기가 해를 입게 된다는 것을 비유적으로 이르는 말'이라는 뜻을 갖고 있습니다.

★ 한자어 ★

老年(노년), 靑春(청춘)

28 회 | 124~126쪽

 낱말은 쏙쏙! 생각은 쑥쑥!

★ 그림으로 낱말 찾기 ★

❶ 집중 ❷ 플러그 ❸ 잠그다 ❹ 흠집 ❺ 서랍

★ 낱말 뜻 알기 ★

❶ 뚜껑, 상자 ❷ 생활, 물품(물건) ❸ 가스, 차단
❹ 쏟아부음 ❺ 자리, 흔적

★ 낱말 친구 사총사 ★

❸

해설 ❶, ❷, ❹에 쓰인 '전기'는 '물질 안에 있는 전자 또는 공간에 있는 자유 전자나 이온들의 움직임 때문에 생기는 에너지의 한 형태'라는 뜻으로 사용되었고, ❸에 쓰인 '전기'는 '한 사람의 일생 동안의 행적을 적은 기록'이라는 뜻으로 사용되었습니다.

★ 연상되는 낱말 찾기 ★

서랍, 잠그다, 생활용품

★ 짧은 글짓기 ★

• **예** 우리 가족은 자원을 아껴 쓴다.

• **예** 진호는 쉬는 시간에 책상에 흠집을 냈다.
• **예** 찬우는 컴퓨터를 사용한 뒤 플러그를 뽑았다.

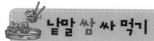 **낱말 쌈 싸 먹기**

★ 맞춤법 ★

장사 → 장수

해설 '장수'는 '장사'로 잘못 쓰기 쉬운 말입니다. '장수'는 '장사하는 사람', '장사'는 '이익을 얻으려고 물건을 사서 파는 일'을 뜻합니다. 따라서 문장에 어울리는 낱말은 '장수'입니다.

★ 띄어쓰기 ★

㉮

해설 '온갖'은 '이런저런 여러 가지의'라는 뜻을 나타내는 말로, 뒷말과 띄어 씁니다.

★ 관용어 ★

허리띠

해설 그림은 아이스크림을 먹고 싶어 하는 아이에게 엄마가 돈을 아껴야 되니까 참으라고 하는 상황을 표현하고 있습니다. 이런 상황과 어울리는 관용구에는 '허리띠를 졸라매다'가 있습니다. '허리띠를 졸라매다'는 '검소한 생활을 하다.' 또는 '배고픔을 참다.'라는 뜻을 갖고 있습니다.

★ 한자어 ★

천생연분(天生緣分)

해설 • 설상가상(雪上加霜) : 눈 위에 서리가 덮인다는 뜻으로, 난처한 일이나 불행한 일이 잇따라 일어남을 이르는 말.
• 일장춘몽(一場春夢) : 한바탕의 봄꿈이라는 뜻으로, 헛된 영화나 덧없는 일을 비유적으로 이르는 말.
• 천생연분(天生緣分) : 하늘이 낸 연분이라는 뜻으로, 아주 잘 어울리는 연분을 이르는 말.

29 회 | 128~130쪽

 낱말은 쏙쏙! 생각은 쑥쑥!

★ 그림으로 낱말 찾기 ★

❶ 안전 ❷ 찻길 ❸ 약속 ❹ 신호 ❺ 식품

★ 낱말 뜻 알기 ★

❶ 사람, 자동차 ❷ 사람, 음식물 ❸ 생각, 실제
❹ 기억, 익숙 ❺ 사고, 염려

★ 낱말 친구 사총사 ★

❹

해설 ④에 쓰인 '식품'은 '사람이 일상적으로 섭취하는 음식물을 통틀어 이르는 말'이라는 뜻으로 ❶, ❷, ❸에 쓰인 '라면, 만두, 딸기'를 포함하는 큰 말입니다.

★ 연상되는 낱말 찾기 ★

약속, 상하다, 찻길

★ 짧은 글짓기 ★

• **예** 나는 자전거 전용 도로에서 자전거를 안전하게 탔다.
• **예** 초린이는 학교 앞에서 교통 신호를 잘 지켰다.
• **예** 선영이는 승강기에서 낯선 이웃을 만났다.

낱말 쌈 싸 먹기

★ 맞춤법 ★

지게

해설 'ㅔ'가 들어가는 글자는 혼동하기 쉽습니다. 'ㅔ'를 'ㅐ'로 잘못 쓰지 않도록 주의합니다.

★ 띄어쓰기 ★

㉮

해설 '얻어먹다'는 '남이 거저 주는 것을 받아먹다'라는 뜻으로, 붙여서 하나의 낱말로 씁니다.

★ 관용어 ★

쥐뿔

해설 그림은 잘 알지도 못하면서 아는 체했다가 낭패를 당하는 상황을 표현하고 있습니다. 이런 상황과 어울리는 관용구에는 '쥐뿔도 모르다'가 있습니다. '쥐뿔도 모르다'는 '아무것도 알지 못하다.'라는 뜻을 갖고 있습니다.

★ 한자어 ★

便安(편안), 家長(가장)

30회 | 132~134쪽

낱말은 쏙쏙! 생각은 쑥쑥!

★ 그림으로 낱말 찾기 ★

❶ 구조 ❷ 돛대 ❸ 다지다 ❹ 모종삽 ❺ 물뿌리개

★ 낱말 뜻 알기 ★

❶ 화초, 기구 ❷ 물고기, 도구 ❸ 재난, 처지 ❹ 바닥, 기둥
❺ 식물, 사용

★ 낱말 친구 사총사 ★

④

해설 ❶, ❷, ❸에 쓰인 '다졌어, 다져'는 '누르거나 밟거나 쳐서 단단하게 하다.'라는 뜻으로 사용되었고, ④에 쓰인 '다져서'는 '고기, 채소, 양념감 따위를 여러 번 칼질하여 잘게 만들다.'라는 뜻으로 사용되었습니다.

★ 연상되는 낱말 찾기 ★

물뿌리개, 구조, 낚싯대

★ 짧은 글짓기 ★

• **예** 나는 아침에 산에 올라 신선한 공기를 호흡했다.
• **예** 형은 점심을 먹고 난 뒤에 등산 배낭을 둘러멨다.
• **예** 지우는 배를 만든 뒤에 돛대를 세웠다.

낱말 쌈 싸 먹기

★ 맞춤법 ★

지우게 → 지우개

해설 '지우개'는 '지우게'로 잘못 쓰기 쉬운 말입니다. '지우개'는 동사 뒤에 '간단한 도구'의 뜻을 더하는 접미사 '-개'가 붙어 명사가 된 것으로 바르게 기억하여 둡니다.

★ 띄어쓰기 ★

㉮

해설 '기우뚱기우뚱'은 '물체가 이쪽저쪽으로 자꾸 기울어지며 흔들리는 모양'을 뜻하는 말로, 붙여서 하나의 낱말로 씁니다.

★ 관용어 ★

호랑이, 정신

해설 그림은 산에서 길을 잃은 아이가 당황하지 않고 침착하게 대처하는 상황을 표현하고 있습니다. 이런 상황과 어울리는 속담에는 '호랑이에게 물려 가도 정신만 차리면 산다'가 있습니다. '호랑이에게 물려 가도 정신만 차리면 산다'는 '아무리 위급한 경우를 당하더라도 정신만 똑똑히 차리면 위기를 벗어날 수가 있다는 말'이라는 뜻을 갖고 있습니다.

★ 한자어 ★

일편단심(一片丹心)

해설 • 일편단심(一片丹心) : 한 조각의 붉은 마음이라는 뜻으로, 진심에서 우러나오는 변치 않는 마음을 이르는 말.
• 일취월장(日就月將) : 날마다 달마다 성장하고 발전한다는 뜻으로, 학업이나 실력이 나날이 다달이 자라거나 발전함을 이르는 말.
• 일거양득(一擧兩得) : 한 번 들어 둘을 얻는다는 뜻으로, 한 가지 일을 하여 두 가지 이익을 얻음을 이르는 말.

가로·세로 낱말 만들기

01 회 | 15쪽

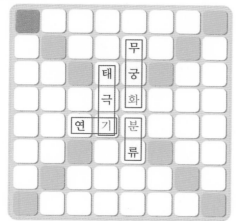

무궁화
태 궁 화
극 분
연 기 분
류

02 회 | 19쪽

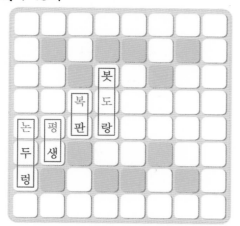

복 봇
복 도
논 평 판 랑
두 생
령

03 회 | 23쪽

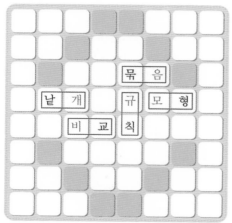

묶 음
날 개 규 모 형
비 교 칙

04 회 | 27쪽

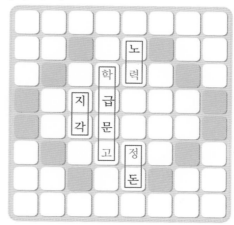

노
학 력
지 급
각 문
고 정
돈

05 회 | 31쪽

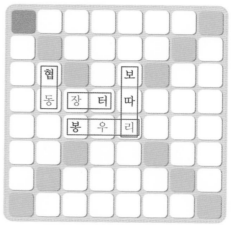

과 정
본 뜨 기 도 장
사 용
진

06 회 | 35쪽

협 보
동 장 터 따
봉 우 리

07 회 | 39쪽

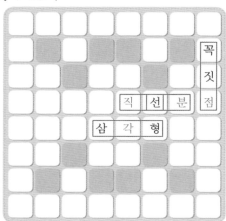

10 회 | 51쪽

08 회 | 43쪽

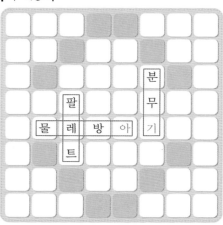

11 회 | 55쪽

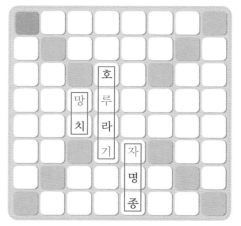

09 회 | 47쪽

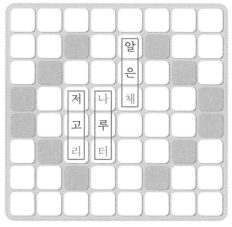

12 회 | 59쪽

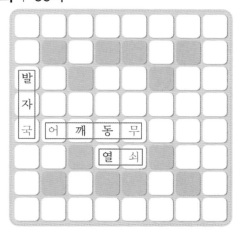

13 회 | 63쪽

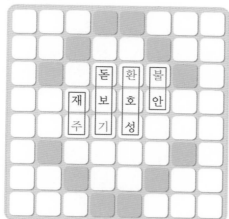

돈
환
불
재 보 호 안
주 기 성

14 회 | 67쪽

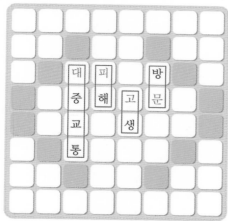

대 피 방
중 해 고 문
교 생
통

15 회 | 71쪽

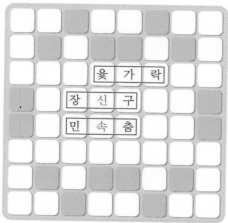

윷 가 락
장 신 구
민 속 춤

16 회 | 75쪽

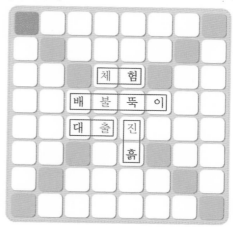

체 험
배 불 뚝 이
대 출 진
흙

17 회 | 79쪽

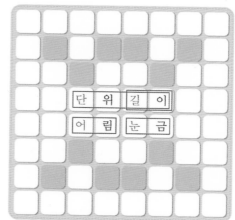

단 위 길 이
어 림 눈 금

18 회 | 83쪽

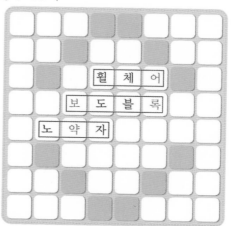

휠 체 어
보 도 블 록
노 약 자

19 회 | 87쪽

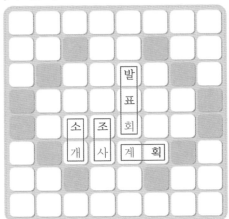

22 회 | 99쪽

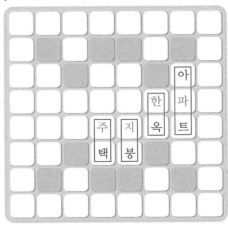

20 회 | 91쪽

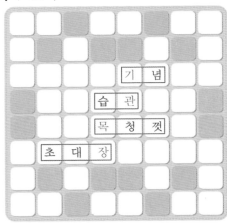

23 회 | 103쪽

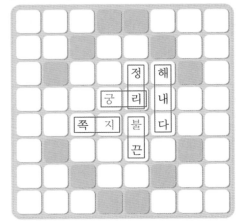

21 회 | 95쪽

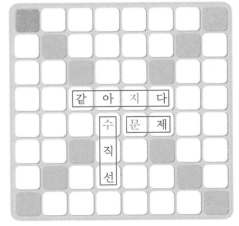

24 회 | 107쪽

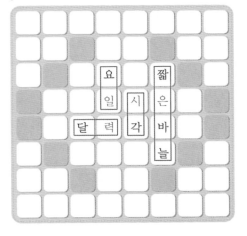

25 회 ㅣ 111쪽

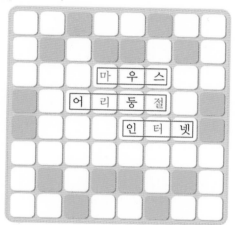

26 회 ㅣ 115쪽

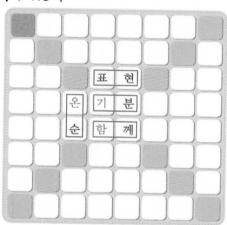

27 회 ㅣ 119쪽

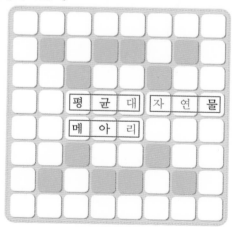

28 회 ㅣ 123쪽

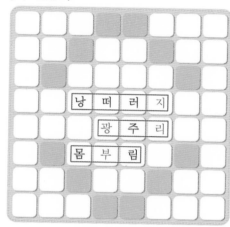

29 회 ㅣ 127쪽

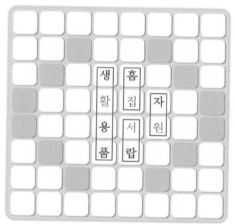

30 회 ㅣ 131쪽

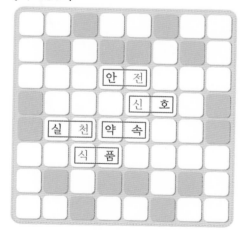

note